JT/T 828—2019

《公路水运试验检测数据报告编制导则》释义手册

交通运输部公路科学研究院　编著

人民交通出版社股份有限公司
China Communications Press Co.,Ltd.

内 容 提 要

《公路水运试验检测数据报告编制导则》(JT/T 828—2019)(以下简称《导则》)的发布是交通运输部推动试验检测标准化建设的一项重要举措和内容。为方便大家准确理解并正确应用《导则》,《导则》起草单位组织《导则》主要起草人员及有关专家编写了《〈公路水运试验检测数据报告编制导则〉释义手册》(以下简称《释义手册》)。《释义手册》共分为三部分,第一部分(第1章~第7章)按照《导则》的条文内容,逐条解释。重点介绍了发布《导则》的重要意义,对《导则》中有关试验检测数据报告的基本要求、组成与编制要求等规定进行了逐条解释和补充说明。第二部分(第8章)为数据报告的信息化管理,介绍了试验检测数据报告标准化格式软件的功能,从实现互联网+、大数据、云计算、物联网等方面展望了试验检测信息化新技术的应用方向。第三部分(附录、附件)为《导则》的应用实例,选择了典型的试验检测记录表、检测类报告、综合评价类报告,说明《导则》应用过程中的技术要点,并给出具体编制和填写的应用实例。

本书可作为《导则》的配套用书,供公路水运工程试验检测人员参考使用。

图书在版编目(CIP)数据

《公路水运试验检测数据报告编制导则》释义手册/交通运输部公路科学研究院编著. — 北京:人民交通出版社股份有限公司, 2019.4
ISBN 978-7-114-15484-3

Ⅰ. ①公… Ⅱ. ①交… Ⅲ. ①道路试验—检测—实验报告—编制—规则—手册②航道工程—检测—实验报告—编制—规则—手册 Ⅳ. ①U416.03-62②U61-33

中国版本图书馆 CIP 数据核字(2019)第 068262 号

书　　名：	《公路水运试验检测数据报告编制导则》释义手册
著 作 者：	交通运输部公路科学研究院
责任编辑：	潘艳霞　牛家鸣　李　沛
责任校对：	刘　芹
责任印制：	张　凯
出版发行：	人民交通出版社股份有限公司
地　　址：	(100011)北京市朝阳区安定门外外馆斜街3号
网　　址：	http://www.ccpress.com.cn
销售电话：	(010)59757973
总 经 销：	人民交通出版社股份有限公司发行部
经　　销：	各地新华书店
印　　刷：	北京市密东印刷有限公司
开　　本：	880×1230　1/16
印　　张：	12.75
字　　数：	370 千
版　　次：	2019年4月　第1版
印　　次：	2019年5月　第2次印刷
书　　号：	ISBN 978-7-114-15484-3
定　　价：	60.00 元

(有印刷、装订质量问题的图书,由本公司负责调换)

《公路水运试验检测数据报告编制导则》释义手册编写委员会

参编单位：重庆市交通委员会工程质量安全监督局

四川云检科技发展有限公司

长江航道规划设计研究院

贵州省质安交通工程监控检测中心有限责任公司

四川正达检测技术有限责任公司

厦门捷航工程检测技术有限公司

北京市道路工程质量监督站

北京市路桥瑞通科技发展有限责任公司

重庆交通建设(集团)有限责任公司

重庆通力高速公路养护工程有限公司

北京市公路桥梁建设集团锐诚工程试验检测有限公司

主要编写人员：刘　璐　沈小俊　孙爱国　郑鹏伟　高绿林

李　斌　高　飞　苏　宁　窦光武　李　达

熊卫士　林志丹　李太平　熊荣军　何小兵

石银峰　刘　旎　朱清伟　梁　勇　任天津

李传凯　何　静　戴瑞芬　李田义　宋　涛

苗　娜　朱尚清

前　言

《中共中央　国务院关于开展提升质量行动的指导意见》(中发〔2017〕24号)要求"以提高发展质量和效益为中心,将质量强国战略放在更加突出的位置,全面提升质量水平",并明确提出"加强工程质量检测管理,严厉打击出具虚假报告等行为"。当前,交通运输行业正在全面落实交通强国战略部署,交通运输处于基础设施发展、服务水平提高和转型升级的黄金时期,全行业对试验检测工作高度重视,对试验数据报告质量十分关注。目前,《公路水运工程试验检测管理办法》(交通部令2005年第12号)已修订并发布实施,其中关于公路水运工程试验检测机构、人员,以及工地试验室的管理均发生变化。《公路水运试验检测数据报告编制导则》(JT/T 828—2019)(以下简称《导则》)的修订工作已完成,以适应试验检测行业管理方式。《导则》通过统一公路水运试验检测数据报告格式,搭建试验检测数据交流和共享平台,从而达到推动试验检测管理规范化和科学化的目的,为试验检测数据信息化管理创造基础条件。

为方便大家准确理解并正确应用《导则》,《导则》起草单位组织《导则》主要起草人员及有关专家编写了《〈公路水运试验检测数据报告编制导则〉释义手册》(以下简称《释义手册》)。《释义手册》共分为三部分,第一部分(第1章~第7章)按照《导则》的条文内容,逐条解释。重点介绍了发布《导则》的重要意义,对《导则》中有关试验检测数据报告的基本要求、组成与编制要求等规定进行了逐条解释和补充说明。第二部分(第8章)为数据报告的信息化管理,介绍了试验检测数据报告标准化格式软件的功能,从实现互联网+、大数据、云计算、物联网等方面展望了试验检测信息化新技术的应用方向。第三部分(附录、附件)为《导则》的应用实例,选择了典型的试验检测记录表、检测类报告、综合评价类报告,说明《导则》应用过程中的技术要点,并给出具体编制和填写的应用实例。

由于编者水平有限,时间仓促,加之试验检测数据报告标准化工作的特殊性,《释义手册》的内容难免有不足之处。为保证《导则》科学、有效应用,《导则》起草单位将成立工作组,对《导则》及《释义手册》涉及的数据报告实例进行定期更新维护,敬请大家在应用过程中,及时将意见与建议反馈至交通运输部公路科学研究院(地址:北京市海淀区西土城路8号公路院副楼1027房间,邮政编码:100088,电子邮箱:lu.liu@rioh.cn,联系电话:010-62079861),以便进一步修改与完善。

编　者
2019年3月

目 录

1 范围 ··· 1

2 规范性引用文件 ··· 3

3 术语和定义 ·· 3

4 基本规定 ··· 4

5 记录表的编制 ·· 6

6 检测类报告的编制 ··· 18

7 综合评价类报告的编制 ·· 25

8 数据报告的信息化管理 ·· 29

附录1　公路试验检测记录表及检测类报告应用实例 ································ 47

附录2　水运试验检测记录表及检测类报告应用实例 ································ 95

附件　公路水运试验检测综合评价类报告应用实例 ································· 150

1 范围

本标准规定了公路水运试验检测数据报告编制的基本规定,以及记录表、检测类报告和综合评价类报告编制的要求。

本标准适用于公路水运工程试验检测机构及工地试验室的试验检测数据报告的编制。

试验检测是保障交通基础设施工程质量的基础性工作,试验检测数据报告在建设工程的质量控制和评价中发挥着不可替代的作用,为持续提升交通基础设施质量和服务水平的保驾护航作用日益凸显。当前,我国高速公路里程已突破13万km,内河航道通航里程达12.71万km,中国已成为名副其实的交通大国。党的十九大提出建设交通强国的宏伟目标,为今后一段时期交通运输事业的发展明确了总基调。建设交通强国,需要大力推动发展方式由规模速度型向质量效益型转变,持续深化交通运输供给侧结构性改革。交通运输部自2016年全面启动打造公路水运品质工程,《关于打造公路水运品质工程的指导意见》(交安监发〔2016〕216号)明确指出,专业化、标准化、精细化、信息化、规范化是提高工程质量管理水平的重要举措。《中共中央 国务院关于开展提升质量行动的指导意见》(中发〔2017〕24号)要求以提高发展质量和效益为中心,全面提升质量水平。新的发展时期面临新的发展形势,交通运输行业的转型发展,不仅提高了社会各界对试验检测工作的认识,同时也为试验检测工作注入了新内涵,提出了新要求。试验检测数据报告格式的统一工作,在管理和技术层面均有大量的困难需要克服,但当前,大家已经不再仅仅着眼于"统一和美观",而更多地关注试验数据的共享和互联互通,着力提升数据报告对工程质量的反映能力和决策指导作用。试验数据不仅需要真实、科学、充分,更加需要共享、互通、联动,对试验数据的信息挖掘力度需要增强,对工程试验检测的大数据应用机制亟待形成,这已经成为新的共识。

交通运输部对试验检测工作高度重视,对试验检测数据报告质量一贯关注,自2006年立项开展交通基本建设工程试验检测数据报告标准化研究以来,在全国范围内开展了大量的调研工作并广泛征求有关方面意见,对试验检测数据报告格式不统一的问题进行了深入分析,于2012年首次颁布实施交通运输行业标准《公路试验检测数据报告编制导则》(JT/T 828—2012),奠定了持续提升试验检测数据报告质量的基础。2016年,《公路水运工程试验检测管理办法》(交通运输部令2016年第80号)(以下简称《检测管理办法》)颁布实施,《公路水运工程试验检测机构等级标准》(以下简称《等级标准》)及《公路水运工程试验检测机构等级评定及换证复核工作程序》(交安监发〔2017〕113号)、《公路水运工程试验检测等级管理要求》(JT/T 1181—2018)等管理制度和行业标准相继实施,公路水运试验检测工作进入了新的发展阶段,交通运输部通过对试验检测工作所面临的形势进行研判,确立了以提高交通建设工程质量水平为宗旨、以加强公路工程试验检测行业管理为手段、以建立有效的动态更新机制为保障、以发展信息化技术为支撑的技术路线,持续提升试验检测数据报告的规范化水平,为搭建试验检测数据报告共享平台提供条件。

JT/T 828—2012的修订工作,紧紧围绕《检测管理办法》等管理制度,加强与JT/T 1181—2018等行业标准的衔接,主要修订内容如下:

(1)修改标准名称,并完善标准适用范围。

JT/T 828—2012的适用范围只涉及公路专业,在修订过程中,交通运输部安全与质量监督管理司提出该标准应同时满足公路专业和水运专业的使用需要,为试验检测数据报告规范化和标准化的实现提供依据。经专家审查论证,一致认为该标准相关规定基本符合公路工程专业和水运工程专业的特点,经修改完善,可以同时适用于公路工程和水运工程的试验检测数据报告编制工作。为便于交通运输标准化体系的优化和交通运输标准化工作的开展,标准名称由"公路试验检测数据报告编制导则"修改为"公路水运试验检测数据报告编制导则"。本次修订,增加水运工程试验检测数据报告编制工作内容,并在第1章"范围"中增加"适用于公路水运试验检测机构"的规定。

(2)修改规范性引用文件和名词术语。

引用新发布的交通运输行业标准 JT/T 1181—2018,并按照有关文件、上位标准的相关规定,补充"公路水运工程试验检测机构等级证书""检测类报告""综合评价类报告"3项名词术语的解释,增强标准的逻辑性。

(3)增加数据报告的原则性要求。

在 JT/T 828—2012 修订工作的调研过程中,普遍反映对于数据报告缺乏原则性、指导性的要求,不利于使用者对记录表和报告整体要求的把握。本次修订增加"公路水运试验检测数据报告应格式统一、形式合规,且宜采用信息化方式编制""记录表应信息齐全、数据真实可靠,具有可追溯性;报告应结论准确、内容完整""数据报告的编制除应满足本标准规定外,尚应符合其他标准、规范、规程等的相关规定"的基本要求。

(4)增加试验检测报告的分类和有关综合评价类报告编制的规定。

本次标准修订过程中,发现全部试验检测报告用一种格式统一比较困难,通过调研论证,本次修订将试验检测报告分为检测类报告和综合评价类报告两类进行规定,补充规定了综合评价类报告的编制,并给出了格式及实例。

(5)修改了记录表及报告的组成。

JT/T 828—2012 中记录表和报告按照要素进行分类,分为管理要素和技术要素。管理要素分为标题区、落款区、基本信息区、附加声明区。技术要素分为检验对象区和检验数据区。在使用过程中普遍反映目前的分类有交叉,容易混乱。另外,有专家提出"区"在使用中有特定含义,不适宜作为标准分类使用。基于上述原因,本次修订对记录表及报告的组成进行了调整。记录表由标题、基本信息、检测数据、附加声明、落款五部分组成。检测类报告由标题、基本信息、检测对象属性、检测数据、附加声明、落款六部分组成。综合评价类报告应由封面、扉页、目录、签字页、正文、附件六部分组成,其中目录部分、附件部分可根据实际情况删减。

(6)调整记录表和报告唯一性编号规则。

JT/T 828—2012 中按照等级类型进行记录表和报告唯一性编号的规定,在调研过程中,普遍反映存在编号复杂,容易引起歧义和重复释义的问题。本次修订将唯一性标识编号调整为按照试验检测项目和参数进行编排,与 JT/T 1181—2018 的相关规定保持一致。

(7)补充有关电子数据记录的规定。

随着仪器设备自动化、智能化程度的提高,大量试验检测原始数据由仪器设备自动采集生成,电子数据在记录表中如何体现,已成为试验检测人员在记录表编制中必须面对的问题。为避免电子数据在誊抄过程中可能产生的错漏,且满足有关数据记录的原则性规定,本次修订补充规定了可打印签字后粘贴于记录表中或保存电子档的规定。

(8)提高标准对等级检测机构数据报告出具的指导作用。

JT/T 828—2012 是在对工地试验室数据报告编制特点研究的基础上出台的,因此,对工地试验室数据报告的编制工作有较好的指导作用,而对于等级检测机构的数据报告编制,无论是从有关表述上,还是从实质性规定上,其指导作用均相对较弱,适用性尚有欠缺。JT/T 828—2012 实施7年来,工地试验室数据报告的规范化水平大幅提升,考虑工地试验室为试验检测机构授权设立的临时试验室,且受工程项目管理的影响较大,要从根本上规范数据报告,还应从试验检测机构抓起。本次修订调整了有关的表述和规定,使标准更加适用于试验检测机构的数据报告编制工作。

2 规范性引用文件

下列文件对于本文件的应用是必不可少的。凡是注日期的引用文件,仅注日期的版本适用于本文件。凡是不注日期的引用文件,其最新版本(包括所有的修改单)适用于本文件。

JT/T 1181 公路水运工程试验检测等级管理要求

JT/T 1181—2018 为公路水运工程试验检测等级管理的基础性标准,《公路水运试验检测数据报告编制导则》(JT/T 828—2019)对其引用主要是术语和定义以及试验检测分类及代码。另外,JT/T 828—2019 从等级试验检测机构质量管理的角度出发,紧扣以下管理制度文件:

(1)《公路水运工程试验检测管理办法》(交通运输部令 2016 年第 80 号);
(2)《关于进一步加强公路水运工程工地试验室管理工作的意见》(厅质监字〔2009〕183 号);
(3)《交通运输部办公厅关于印发工地试验室标准化建设要点的通知》(厅质监字〔2012〕200 号);
(4)《交通运输部关于进一步加强和规范公路水运工程试验检测工作的若干意见》(交质监发〔2013〕114 号);
(5)交通运输部关于公布《公路水运工程试验检测机构等级标准》及《公路水运工程试验检测机构等级评定及换证复核工作程序》的通知(交安监发〔2017〕113 号)。

3 术语和定义

JT/T 1181 界定的以及下列术语和定义适用于本文件。为了便于使用,以下重复列出 JT/T 1181 中的某些术语和定义。

3.1

公路水运工程试验检测机构 testing and inspection organization of highway & waterway engineering

依法成立,承担公路水运工程试验检测业务并对试验检测结果承担责任的专业技术组织。简称检测机构。

[JT/T 1181—2018,定义3.2]

3.2

公路水运工程试验检测机构等级证书 certificate of grade of testing and inspection organization for highway & waterway engineering

向符合等级标准要求的检测机构颁发的证明文件。包括正本和副本,注有检测机构的名称、地址、主要负责人、等级类别、编号、能力范围等信息。简称等级证书。

[JT/T 1181—2018,定义3.6]

3.3

工地试验室 construction site laboratory

工程建设过程中为控制质量设立在工程现场的试验室。

3.4

检测类报告 test report

以获得测试结果为目的,针对材料、构件、工程制品及实体的一个或多个技术指标进行检测而出具的数据结果和检测结论。

3.5

综合评价类报告 comprehensive evaluation report

以获得新建及既有工程性质评价结果为目的,针对材料、构件、工程制品及实体的一个或多个技术指标进行检测而出具的数据结果、检测结论和评价意见。

4 基本规定

4.1 公路水运试验检测数据报告(以下简称"数据报告")应格式统一、形式合规,宜采用信息化方式编制。

  试验检测工作贯穿于交通基础设施建设及运营养护的各个阶段,通过试验检测获取大批量数据,以实现对工程材料、施工工艺、安全监控、工程质量的控制,以及运营阶段工程质量状况分析与评价、养护决策等。试验检测工作的成果通过数据报告的形式为管理者决策及工程技术人员所使用。数据报告的准确性、统一性和共享性对各类数据量化指标在工程建设的不同阶段、提供数据的不同机构以及使用数据的不同需求之间能够统一表征和方便交换尤为重要。要实现这一目标,数据报告的标准化、规范化和信息化无疑是最有效的途径之一。

  试验检测数据是对交通建设工程各个阶段质量状况最为直接的反映,对工程建设具有很强的指导作用。数据报告缺乏标准化要求,致使其没有统一的对话交流平台,很多具有代表性工程的工艺、工法得不到科学的总结和归纳,一些大型复杂工程的建设经验得不到很好的共享和传承,这对工程领域是很大的损失。数据报告在公路水运试验检测行业范围内格式不统一、形式不合规,给公路工程质量管理带来了诸多不便,主要体现在:数据报告所包含的技术信息不全,造成其表达的试验检测过程无法复现和追溯,严重影响试验检测结论的可靠性;部分数据报告格式与内容则过于烦琐,包含很多不必要的冗余信息,大大降低了试验检测数据报告查询及利用的效率。数据报告的不统一会降低记录报告的通用性、规范性和科学性,更直接影响到记录报告对工程管理的指导作用。标准化程度不高的数据报告造成试验检测成果的共享、检索和应用的效率大为下降。报告用章、结论表达、必要声明及内容组成等形式不符合规定,会严重影响检测数据的公信力。格式类型过多的数据报告大量消耗用于记录报告出版、引用和保存的媒介材料,还会造成资源浪费等。因此,目前试验检测数据报告标准化的较低水平已经成为制约交通基本建设工程试验检测管理水平的一个重要因素。

  试验检测数据报告的信息化是提高工程质量管理水平、及时了解工程质量变化趋势的重要手段,是行业管理、勘察设计、质量监督、工程监理、施工企业、检测机构、材料供应等各方共同期望实现的目标。这项工作有利于试验检测管理的科学与规范,有利于试验检测技术资料的归档与交流,有利于对试验检测假数据、假报告的防范与遏制。更重要的是,不同试验检测机构或从业单位通过数据报告表征同类工程项目时,其表述形式存在各种差异,甚至对某些共同的质量特性也无法进行比较分析,从而造成了在宏观范围内难以横向衡量同类工程项目的真实状况,已经影响到了对工程整体质量水平的准确把握,因此,在标准化和规范化的基础上实现信息化,为数据报告的信息挖掘和大数据应用提供必要条件,具有更为现实的意义。

4.2 数据报告包括试验检测记录表(以下简称"记录表")和试验检测报告(以下简称"报告")。根据检测目的和报告内容的不同,报告可分为检测类报告和综合评价类报告两类。

  试验检测工作运行过程中形成的记录一般有管理记录和技术记录,JT/T 828—2019 涉及的是技术记录。技术记录是将被测对象按照标准规范要求进行试验检测后所产生的数据和信息,包括原始观察数据、导出数据、确保检测活动公正准确可以追溯的其他信息,如试验环境条件、检测活动的主要仪器设备、试验检测人员信息等,所形成的数字或文字的记载。利用数据报告提供的数据和信息可以判定被测对象是否达到了规定的技术指标或技术要求,及时掌握质量波动状况和变化趋势,为质量判定提供依据。

《合格评定 各类检验机构的运作要求》(GB/T 27020—2016)中将技术记录分为检验记录和检验报告。《检验检测机构资质认定能力评价 检验检测机构通用要求》(RB/T 214—2017)中对原始记录和结果报告分别提出了要求。JT/T 828—2019 根据格式和内容不同,将数据报告分为试验检测记录表(以下简称记录表)和试验检测报告(以下简称报告),同时,又根据获得检测结果的目的以及报告内容的不同,将报告分为检测类报告和综合评价类报告。检测类报告和综合评价类报告并非以报告页数多少和包含的检测参数多少来划分,而是从获得检测结果的目的和报告内容侧重点角度加以区别,以便对两类报告的编制要求作出更切合实际的规定。检测类报告一般以获得测试结果为主要目的,内容侧重于测试结果的获取,一般常见于材料和工程制品的性能指标试验,如水的氯离子含量、土的含水率、水泥细度等。综合评价类报告以获得新建及既有工程性质评价结果为目的,内容侧重于检测结论和评价意见科学合理性的证明,如为了评价某路面工程质量,进行弯沉、平整度、厚度等参数检测;为了评价某隧道施工质量,进行支护脱空、衬砌厚度、钢筋间距等参数检测,等等。JT/T 828—2019 分别对记录表、检测类报告、综合评价类报告的组成和各部分内容的编制要求进行规定。

4.3 记录表应信息齐全、数据真实可靠,具有可追溯性;报告应结论准确、内容完整。

记录表是将被测对象按照标准规范要求进行试验检测过程中产生的数据和信息,所形成的数字或文字的记载。检测单位应对记录表的信息进行有效的管理。记录表是报告制作的基础,更是检测活动复现的依据。"信息齐全"是指记录试验过程中涉及或影响报告中检测结果、数据和结论的因素都必须完整、详细,使未参加检测的同专业人员能在审核报告时,从记录表上查得所需的全部信息。"数据真实可靠"是如实地记录当时当地进行的试验检测的实际情况,包括试验检测过程中的数据、现象、仪器设备、环境条件等信息,确保试验检测所测得原始数据、计算、修约的正确性,以及环境条件、设备状态等信息的准确性。"具有可追溯性"是指通过记录的信息可追溯到试验检测过程的各环节及要素,并能还原整个检测过程,因此记录的信息应尽可能详尽,包括记录有关样品、试验检测过程的完整信息。

报告是试验检测工作的最终产品,直接反映试验检测机构管理水平、检验能力和工作质量。报告的作用是向客户表明被检测对象的质量信息,一份合格的报告应编写规范,内容完整,数据、图片、术语准确无误,判定科学、公正、明确。在《实验室管理体系 检测和校准实验室能力的一般要求》(ISO/IEC 17025:2017)和 RB/T 214—2017 中对报告编制都有较为明确的规定。两部标准要求的是在中华人民共和国境内向社会出具具有证明作用数据、结果的从事检验检测活动的检验检测机构,应当遵守的规定。交通运输行业向社会出具数据及结果的试验检测机构,其数据报告的编制应遵循其要求。

4.4 记录表应由标题、基本信息、检测数据、附加声明、落款五部分组成。每一试验检测参数(或试验方法)可单独编制记录表。同一试验过程同时获得多个试验检测参数时,可将多个参数集成编制于一个记录表中,具体格式及实例参见附录A。

记录表应包括原始观察数据、导出数据、确保检测活动公正准确可以追溯的其他信息,如试验环境条件、检测活动的主要仪器设备、试验检测人员信息、检测、判定依据、样品信息等。记录表以表格作为信息的载体,对试验检测活动所做的最初的数字或文字的记载。为准确表征试验检测过程,记录表需清晰准确表述表格的识别信息、被检对象信息、检测数据信息、需要提醒和声明的事项、检测记录及符号等信息。为将各类信息规范、系统的表述,对记录表所包含的信息作进一步梳理与分类,规定"记录表应由标题、基本信息、检测数据、附加声明、落款五部分组成。"

公路水运试验检测实际工作中,会出现一个试验过程仅检测单一试验检测参数的情况,也会出现同一个试验过程同时获得多个试验检测参数的情况。根据需要一般每一试验参数可单独编制记录表,也可以将多个参数集成编制于同一个记录表中。

4.5 检测类报告应由标题、基本信息、检测对象属性、检测数据、附加声明、落款六部分组成,具体格式及实例参见附录B。

检测类报告以获得测试结果为目的,是针对材料、构件、工程制品及实体的一个或多个技术指标进行检测而出具的数据结果和检测结论。检测类报告按照内容划分为标题、基本信息、检测对象属性、检测数据、附加声明、落款6个部分。

4.6 综合评价类报告应由封面、扉页、目录、签字页、正文、附件六部分组成,其中目录部分、附件部分可根据实际情况删减,具体格式参见附录C。

综合评价类报告以获得新建及既有工程性质评价结果为目的,针对材料、构件、工程制品及实体的一个或多个技术指标进行检测而出具的数据结果、检测结论和评价意见。综合评价类报告按照内容划分为封面、扉页、目录、签字页、正文、附件6个部分,其内容涉及多个试验检测项目或一个项目多个试验检测参数。

4.7 数据报告的编制除应满足本标准规定外,尚应符合其他标准、规范、规程等的相关规定。

本标准的规定侧重于规定数据报告的编制要求,考虑不同的试验检测可能还会涉及相应技术依据的具体要求,受篇幅和知识面限制,很多内容尚不能穷举。因此,提出"尚应符合其他标准、规范、规程等的相关规定"。

5 记录表的编制

5.1 标题部分

5.1.1 功能

标题部分位于记录表上方,用于表征其基本属性。

5.1.2 组成

标题部分应由记录表名称、唯一性标识编码、检测单位名称、记录编号、页码组成。

标题部分的固定格式分为三行,组成如图5-1所示。第一行是页码,第二行是记录表名称和记录表唯一性标识编码,第三行是检测单位名称和记录编号。

```
                                           第 1 页,共 1 页
            土击实试验检测记录表
                                              JGLQ01007
  检测单位名称:××××检测中心       记录编号:JL-2018-TGJ-0001
```

图5-1 标题部分的组成图

5.1.3 编制要求

5.1.3.1 记录表名称

位于标题部分第二行居中位置,应以JT/T 1181所示试验检测项目、试验检测参数为依据,宜采用"项目名称"+"参数名称"+"试验检测记录表"的形式命名。当遇下列情况时,处理方式为:

a) 当试验参数有多种测试方法可选择时,宜在记录表后将选用的测试方法以括号的形式加以标识;

示例1:土颗粒组成试验检测记录表(筛分法)。

"项目名称"见JT/T 1181—2018的表3和表4,节选如图5-2、图5-3所示。"参数名称"和"试验检测方法"见JT/T 1181—2018附录C,节选如图5-4所示。

b) 当同一项目中具有不同检测对象的细分条目时,宜按细分条目分别编制记录表;

示例2:水泥混凝土稠度试验检测记录表。

示例3:砂浆稠度试验检测记录表。

5 记录表的编制

表3 公路工程专业试验监测项目及代码

序号	代码	项目	Item
1	GLQ01	土	soil
2	GLQ02	集料	aggregate
3	GLQ03	岩石	rock
4	GLQ04	水泥	cement
5	GLQ05	水泥混凝土、砂浆	cement concrete&mortar
6	GLQ06	水	water
7	GLQ07	外加剂	admixture
8	GLQ08	掺和料	additive
9	GLQ09	无机结合料稳定材料	inorganic stabilized materials
10	GLQ10	沥青	bitument
11	GLQ11	沥青混合料	bituminous mixtures
12	GLQ12	土工合成材料	geosynthetics

图 5-2 JT/T 1181—2018 中表 3 的节选

表4 水运工程试验检测项目及代码

序号	代码	项目	Item
1	SYQ01	土	soil
2	SYQ02	集料	aggregate
3	SYQ03	岩石	rock
4	SYQ04	水泥	cement
5	SYQ05	水泥混凝土、砂浆	cement concrete & mortar
6	SYQ06	水	water
7	SYQ07	外加剂	admixture
8	SYQ08	掺和料	additive
9	SYQ09	无机结合料稳定材料	inorganic stabilized materials
10	SYQ10	沥青	bitument
11	SYQ11	修补加固材料	repair and strengthening materials material
12	SYQ12	土工合成材料	geosynthetics

图 5-3 JT/T 1181—2018 中表 4 的节选

附 录 C
（规范性附录）
公路水运工程试验检测参数代码及试验方法要求

C.1 公路工程

公路工程试验检测参数代码及试验方法要求见表 C.1。其中，试验方法要求一栏所示内容根据等级标准规定及试验检测参数所依据标准规范及行业习惯编写。黑体字为等级标准要求检测机构应当掌握的试验方法，非黑体字为检测机构可以掌握的试验方法；未标注内容的，则应具备公路工程试验检测领域常用标准规范要求的试验方法。

表 C.1 公路工程试验检测参数代码及试验方法要求

序号	试验检测参数代码	试验检测参数	试验方法要求
		GLQ01 土(soil)	
1	GLQ01001	含水率	**烘干法 a，酒精燃烧法 b**
2	GLQ01002	密度	**环刀法 a，蜡封法 b，灌水法 c，灌砂法 d**

图 5-4 JT/T 1181 中附录 C 的节选

细分条目指在《等级标准》中,同一检测项目下不同检测对象。具有细分条目的公路水运工程试验检测项目见表 5-1。

公路水运工程试验检测项目细分条目表 表 5-1

专　业	项　目	细分条目
公路工程	集料	(1)粗集料;(2)细集料;(3)矿粉
	水泥混凝土、砂浆	(1)水泥混凝土;(2)砂浆
	无机结合料稳定材料	(1)石灰;(2)粉煤灰;(3)无机结合料稳定材料
	沥青	(1)乳化沥青;(2)聚合物改性沥青
	沥青混合料	(1)稀浆混合料;(2)木质素纤维
	防水材料	(1)防水板;(2)止水带;(3)止水条;(4)防水卷材
	交通安全设施	(1)交通标志;(2)路面标线涂料;(3)波形梁钢护栏;(4)突起路标;(5)隔离栅;(6)防眩板;(7)轮廓标;(8)安装施工工程
水运工程	集料	(1)粗集料;(2)细集料
	水泥混凝土、砂浆	(1)水泥混凝土;(2)砂浆;(3)灌浆材料
	土工合成材料	(1)塑料排水板;(2)土工布(膜);(3)塑料土工格栅
	混凝土与钢筋表面防腐	(1)混凝土表面涂层;(2)混凝土表面硅烷浸渍;(3)环氧钢筋

某些产品因所用材料不同,使得检测参数不同,但同一项目中没有细分条目,或即使有细分条目,参数名称中也没有明确体现具体产品名称,此时项目名称或细分条目可省略,记录表名称中应体现具体产品名称,例如:预应力波纹管项目中径向刚度参数的试验检测记录表名称可为"金属波纹管径向刚度试验检测记录表";土工合成材料分类中有土工布等,土工布又分为针刺无纺土工布等系列,其下又有具体产品名称,如短纤针刺非织造土工布,当试验检测参数为断裂强度时,试验检测记录表名称可为"短纤针刺非织造土工布断裂强度试验检测记录表"。

当按照上述原则编制记录表名称时,若出现重复含义的字段,在不产生歧义的情况下可简化或省略。

c) 当同一样品在一次试验中得到两个以上参数值时,记录表名称宜列出全部参数名称,并用顿号分隔,参数个数不宜大于4;

示例4:细集料密度、吸水率试验检测记录表。

示例5:水泥标准稠度用水量、凝结时间、安定性试验检测记录表。

同一样品在一次试验中可得到多个参数值,为了方便使用和评价,可将多个参数列入同一个记录表中。当参数较多时,考虑到记录表的版面限制,因此,设定记录表所包含参数数量的上限。不建议为了表格的美观,将多个不同试验涉及的参数内容设计到同一记录表中。

d) 当参数名称能明确地体现测试内容时,项目名称可省略,以"参数名称"+"试验检测记录表"为记录表名称。

示例6:标志板面光度性能试验检测记录表。

本条款阐述的是省略项目名称情况下记录表名称的编制,例如:集料项目的砂当量参数的试验检测记录表为"集料砂当量试验检测记录表",根据本条款的规定简化后的记录表名称为"砂当量试验检测记录表"。

某些项目名称包括的材料、产品、结构名称比较多,又没有细分条目,但通过参数名称能明确材料、产品、结构名称,此时项目名称可省略,记录表名称中明确具体材料、产品、结构名称即可,例如:预应力用钢材及锚具、夹具、连接器项目中,硬度试验的记录表名称可为"锚具硬度试验检测记录表""夹具硬度试验检测记录表"。

某些参数名称带括号,括号内的参数名称可省略,例如:防水卷材中,热老化试验(拉力保持率、延伸力保持率、低温柔性/低温弯折性、尺寸变化率、质量损失)的记录表名称为"热老化试验(拉力保持率、延伸力保持率、低温柔性/低温弯折性、尺寸变化率、质量损失)试验检测记录表",根据本条款的规定简化后的记录表名称为"防水卷材热老化试验检测记录表"。

5.1.3.2 唯一性标识编码

用于管理记录表格式的编码具有唯一性,与记录表名称同处一行,靠右对齐。记录表唯一性标识编码由9位或10位字母和数字组成。当同一记录表中包含两个及以上参数时,其唯一性标识编码由各参数对应的唯一性标识编码顺序组成。

唯一性标识编码是用于管理记录表格式的编码,按参数进行编码,包含参数的唯一性信息,可以固化在记录表中,输入形式如图5-5所示。两个及以上参数记录表的唯一性标识编码可分行输入。

沥青软化点、延度、针入度试验检测记录表	JSYQ10001 JSYQ10002 JSYQ10003

图5-5 参数的唯一性标识编码输入形式

记录表唯一性标识编码各段位的编制要求如下:

a) 专业编码:由3位大写英文字母组成,第1位字母为J,代表记录表,第2、3位字母用于区分专业类别,GL代表公路工程专业,SY代表水运工程专业;

b) 领域编码:由1位大写英文字母组成,应符合JT/T 1181的规定;

领域编码为JT/T 1181—2018中表2所示的检测领域及代码,如图5-6所示。例如:"土"的领域编码为Q,混凝土结构的领域编码为P,隧道工程环境的领域编码为Z。

表2 公路水运工程试验检测领域及代码

序号	代码	领域	Domain
1	Q	工程材料与制品	engineering materials &products
2	P	工程实体与结构	engineering entities & structures
3	Z	工程环境及其他	engineering environmet & others

图5-6 JT/T 1181—2018中表2所示的检测领域及代码

c) 项目编码:由2位数字组成,应符合JT/T 1181的规定;

记录表的项目编码为JT/T 1181—2018中的项目代码的后两位数。例如:"土"在公路工程专业中的项目代码为GLQ01,对应记录表的项目编码为01;"修补加固材料"在水运工程专业中的项目代码为SYQ11,记录表的项目编码为11。

当参数名称能明确地体现测试内容时,项目名称可省略,以"参数名称"+"试验检测记录表"为记录表名称,但是项目编码不能省略。例如:标志板面光度性能试验检测记录表,记录表名称中省略了项目名称"交通标志及反光膜",但是项目编码20不能省略。

d) 参数编码:由3位数字组成,应符合JT/T 1181的规定;

记录表中的参数编码,为 JT/T 1181—2018 中的参数代码后三位数,在 JT/T 1181—2018 中,所有的参数都一一赋予了唯一代码,例如:公路工程中土的"颗粒组成"的参数代码为 GLQ01004,记录表中的参数编码为 004;水运工程中土的"颗粒组成"的参数代码为 SYQ01001,记录表中的参数编码为 001。

　　e) 方法区分码:由 1 位小写英文字母组成,应符合 JT/T 1181 的规定,可省略。

记录表中的方法区分码,为 JT/T 1181—2018 中的方法代码,方法代码与试验方法相对应。"试验检测方法代码"见 JT/T 1181—2018 附录 C,节选如图 5-4 所示。例如:土的"含水率"试验方法有烘干法 a,酒精燃烧法 b。

唯一性标识编码由 9 位或 10 位字母和数字组成,其位数不同的原因在于方法区分码的取舍上。如果同一个参数有两种及以上试验方法时,其方法用小写英文字母排序加以区分,采用何种试验方法,则将其方法区分码编入唯一性标识编码中,这时唯一性标识编码由 10 位字母和数字组成;如果只有一种试验方法,则不排序,方法区分码可省略,唯一性标识编码为 9 位。例如:公路工程"土颗粒组成试验记录表(筛分法)",唯一性标识编码由 10 位字母和数字组成,JGLQ01004a;水运工程"土无侧限抗压强度试验记录表",唯一性标识编码由 9 位字母和数字组成,JSYQ01006。

唯一性标识编码的组成,可概括为:J+试验检测参数代码+方法区分码。当 JT/T 1181—2018 中对方法未做明确规定时,该编码可作为试验检测机构对相同参数不同记录表格式的区分使用。JT/T 828—2019 中编码与 JT/T 1181—2018 中的代码对照表见表 5-2。

编码与代码对照表　　　　　　　　　　　　　　表 5-2

标准名称	JT/T 828—2019	JT/T 1181—2018
1	领域编码	领域代码
2	项目编码	项目代码后两位数
3	参数编码	参数代码后三位数
4	方法区分码	方法代码

5.1.3.3 检测单位名称

位于标题部分第三行位置,靠左对齐,编制要求如下:

　　a) 当检测单位为检测机构时,应填写等级证书中的机构名称,可附加等级证书的编号;

　　b) 当检测单位为工地试验室时,应填写其授权文件上的工地试验室名称。

根据《关于进一步加强公路水运工程工地试验室管理工作的意见》(厅质监字〔2009〕183 号)的规定,工地试验室名称为"母体试验检测机构名称+建设项目标段名称+工地试验室"。

5.1.3.4 记录编号

与"检测单位名称"同处一行,靠右对齐,用于具体记录表的身份识别,由检测单位自行编制。记录编号应在确保唯一性的前提下,宜简洁,且易于分类管理。

RB/T 214—2017 和 ISO/IEC 17025:2017 对原始记录、报告有溯源要求;《检测管理办法》第三十五条规定:检测机构应当建立健全档案制度,保证档案齐备,原始记录和试验检测报告内容必须清晰、完整、规范。因此,报告和原始记录必须对应,且具有唯一性。

检测机构应为每一份委托合同、任务单、样品流转单、(原始)记录、报告等编排唯一性身份识别编号。记录编号不同于记录表唯一性标识编码,是用于具体记录表的身份识别。

检测机构应在质量管理体系文件中设置编号规则,工地试验室的编号规则还应满足工程项目管理的需要。检测机构的样品流转编号、记录编号、报告编号,一般应包含年份、类型、样品(对象)或试验项目标识及流水号等,编号可按时间顺序连续递增编制。

唯一性标识编码与记录编号的区别,见表 5-3。

唯一性标识编码与记录编号的区别 表 5-3

名　称	唯一性标识编码	记录编号
用途	用于管理记录表格式的编码	用于具体记录表的身份识别
编制方法	按照 JT/T 828—2019 中 5.1.3.2 的规定编制	由检测单位自行编制
使用方法	相同格式的记录表编码相同	每份记录表的编号唯一

5.1.3.5 页码

位于标题部分第一行位置，靠右对齐，应以"第×页，共×页"的形式表示。

页码的数字采用阿拉伯数字填写。

5.2 基本信息部分

5.2.1 功能

基本信息部分位于标题部分之后，用于表征试验检测的基本信息。

5.2.2 组成

基本信息部分应包括工程名称、工程部位/用途、样品信息、试验检测日期、试验条件、检测依据、判定依据、主要仪器设备名称及编号。

基本信息部分组成如图 5-7 所示。

工程名称	×××高速公路建设项目		
工程部位/用途	K0+000~K1+000 路基填筑		
样品信息	样品名称：土(黏质土)；样品编号：YP-2018-TGJ-0001；样品数量：50kg；样品状态：红棕色、潮湿；来样时间：2018年10月20日		
试验检测日期	2018年10月22日—2018年10月23日	试验条件	温度：25℃；湿度：66% RH
检测依据	JTG E40—2007 T0131—2007	判定依据	—
主要仪器设备名称及编号	电子天平(×××)、电子秤(×××)、多功能电动击实仪(×××)		

图 5-7 基本信息部分组成

ISO/IEC 17025:2017 要求对影响报告质量的"人、机、料、法、环、测"要素加以控制，记录表是对这些要素的集中体现。

5.2.3 编制要求

5.2.3.1 工程名称

应为测试对象所属工程项目的名称。当涉及盲样时，可不填写。

当检测机构进行盲样管理时，工程名称可不填写。当为工地试验室时，可填写对应的工程项目名称。

5.2.3.2 工程部位/用途

为二选一填写项，当涉及盲样时可不填写，编制要求如下：

a) 当可以明确被检对象在工程中的具体位置时，宜填写工程部位名称及起止桩号；

b) 当被检对象为独立结构物时，宜填写结构物及其构件名称、编号等信息；

成品、半成品、现场检测应填写所在的工程部位。工程部位应能追溯，如填写施工桩号、分项(分部)

工程名称等。

　　c) 当指明数据报告结果的具体用途时，宜填写相关信息。

　　材料的工程用途会影响检测依据、判定依据等信息的确定，因此，应填写其工程用途。

5.2.3.3 样品信息

　　应包含来样时间、样品名称、样品编号、样品数量、样品状态、制样情况和抽样情况，其中制样情况和抽样情况可根据实际情况删减。编制要求如下：

　　a) 来样时间应填写检测收到样品的日期，以"YYYY 年 MM 月 DD 日"的形式表示；

　　来样时间为检测机构收到样品的时间，而不是样品的取样时间。表示年、月、日的数字采用阿拉伯数字。

　　b) 样品名称应按标准规范的要求填写；

　　样品名称应按标准规范要求填写，例如："热轧带肋钢筋""热轧光圆钢筋"，不能简单填写为"钢筋"；"板式橡胶支座""盆式支座"，不能简单填写为"橡胶支座"；水泥有不同的品种，同时又有不同的强度等级，不能简单填写为"水泥"。

　　c) 样品编号应由检测单位自行编制，用于区分每个独立样品的唯一性编号；

　　检测单位应在质量管理体系中明确样品编号规则，确保其唯一性，同一组内的样品也应分别编号。

　　d) 样品数量宜按照检测依据规定的计量单位，如实填写；

　　样品数量宜按照检测依据，即按照有关标准、规范、规程规定的数量接收，并考虑样品运输过程中的损耗、试件制作过程中的损耗、留样等的需要。样品数量应采取合理的计量单位，避免使用 1 瓶、1 袋等不规范的用词。

　　e) 样品状态应描述样品的性状，如样品的物理状态、是否有污染、腐蚀等；

　　样品的物理性状包括结构、形状、状态、规格、颜色等。

　　样品状态描述是对样品接收时的状态的必要记录，应在收到样品时通过目测、手感、嗅觉等方式进行判断并准确记录描述。当样品有异常情况时，应告知委托方并记录。样品状态应根据标准规范或试验规程的要求准确描述，避免使用合格、良好等模糊用词。

　　样品状态往往影响检测结果，在检测单位内部流转过程及留样时应对样品状态予以关注。

　　f) 制样情况应描述制样方法及条件、养护条件、养护时间及依据等；

　　制样是试验检测工作的重要环节，样品制作加工的环境条件、养护条件、养护时间等在有关标准、规范中有具体要求，例如：沥青试样的制作加工，在《公路工程沥青及沥青混合料试验规程》(JTG E20—2011)中的有关章节做了具体要求；《纺织品　调湿和试验用标准大气》(GB/T 6529—2008)对土工合成材料厚度试样，要求在规定的标准大气条件下(温度20℃±2℃、相对湿度65%±4%)调湿24h。

　　当标准规范对制样环节无明确规定，检测单位采用作业指导书对制样环节进行控制时，也应在记录表的样品信息栏进行描述。

　　g) 抽样情况应描述抽样日期、抽取地点(包括简图、草图或照片)、抽样程序、抽样依据及抽样过程中可能影响检测结果解释的环境条件情况等。

　　ISO/IEC 17025:2017 中 7.3.3 要求实验室应将抽样数据作为检测或校准工作记录的一部分予以保存。这些记录应包括以下信息：

　　(1)所用的抽样方法；

　　(2)抽样日期和时间；

　　(3)识别和描述样品的数据(如编号、数量和名称)；

　　(4)抽样人的识别；

　　(5)所用设备的识别；

　　(6)环境或运输条件；

(7)适当时,标识抽样位置的图示或其他等效方式;

(8)与抽样方法和抽样计划的偏离或增减。

抽样方法体现着抽样活动的公正性、权威性;抽样日期到试验日期的间隔时间可能直接影响测试结果的准确性;抽取地点(位置)代表着样品所代表的范围(部位);抽样过程、所用设备是否合规,直接影响着样品的代表性和质量;抽样过程中可能存在(出现)影响检测结果的环境、条件情况;运输条件可能对检测结果产生影响,因此,抽样情况应准确描述。

对于抽样情况的描述,部分内容可以在附加声明部分填写,如抽样方、见证方等。对于比较复杂的抽样活动,检测单位应另外制表,作为原始记录,加以详细描述,其内容一般包括:抽样方法、抽样日期、抽样过程、所用设备、抽取地点(包括简图、草图或照片)及抽样过程中存在(出现)影响检测结果解释的环境条件情况、样品描述、运输条件、抽样、见证人员签名等。

5.2.3.4 试验检测日期

当日完成的试验检测工作可填写当日日期;一日以上的试验检测工作应表征试验的起止日期。日期以"YYYY 年 MM 月 DD 日"的形式表示。

某些试验检测是从样品制备开始的,应将制备样品时的时间记作试验检测开始时间,将采集数据结束并记录(现场清扫结束)时间记作试验检测结束时间。例如:石灰稳定细粒土的石灰剂量试验,从称取试样记作试验检测开始时间,利用所绘制的标准曲线,根据所消耗的 EDTA 二钠消耗量,确定出混合料中的石灰剂量记作试验检测结束时间;土工合成材料厚度试验,从试样调湿起记作试验检测开始时间,测量出厚度尺寸并记录记作试验结束时间;板式支座抗剪老化试验,试样置于老化箱中记作开始时间,在(70 ± 2)℃温度下 72h 后取出,在标准温度(23 ± 5)℃下停放 48h 后,在标准实验室温度(23 ± 5)℃下进行剪切试验,记录测量值,仪器设备关机(现场清扫结束)时间记作试验检测结束时间。

5.2.3.5 试验条件

应写试验时的温度、湿度、照度、气压等环境条件。

试验检测条件一般应记录试验检测时的温度、相对湿度等环境条件。尤其当有关标准、规范等对环境条件或试验检测条件有明确要求时,应当进行有效监测、控制和记录。例如:当进行水泥试验时应对环境温度、相对湿度进行监控并记录。

当环境条件参与试验检测结果的分析计算时,还应在试验检测数据部分如实准确地记录。例如:用摆式摩擦系数测定仪测定沥青路面的抗滑值时,应测记潮湿路表温度,用于将测得的摆值换算成标准温度20℃的摆值。

5.2.3.6 检测依据

应为当次试验所依据的标准、规范、规程、作业指导书等技术文件,应填写完整的技术文件名称和代号。当技术文件为公开发布的,可只填写其代号。必要时,还应填写技术文件的方法编号、章节号或条款号等。

示例1:GB/T 232—2010;

示例2:JTG E42—2005 T 0305—1994。

检测依据应如实填写检测实际采用的技术文件。例如:粗集料含泥量试验的检测依据可填写《公路工程集料试验规程》(JTG E42—2005),也可只填写 JTG E42—2005;土含水率试验(烘干法),检测依据可填写 JTG E40—2007 T 0103—1993;水泥的标准稠度用水量试验(标准法),检测依据可填写 GB/T 1346—2011 第7章。

5.2.3.7 判定依据

应为出具检测结论所依据的标准、规范、规程、设计文件、产品说明书等。编制要求应符合5.2.3.6的规定。

某些产品或参数的判定依据与检测依据为同一个标准、规范。例如:热轧带肋钢筋的重量偏差,其判定依据与检测依据同为《钢筋混凝土用钢 第2部分:热轧带肋钢筋》(GB/T 1499.2—2018)。

某些产品或参数有多个判定依据时,应根据其在工程中的具体用途或部位,有针对性地选择判定依据。例如:粗集料在公路桥涵工程、公路水泥混凝土路面工程、公路沥青路面工程中都会用到,其判定依据应采用相应的标准、规范。

有些试验检测的目的仅为得到测试值,此时可不填写判定依据。

5.2.3.8 主要仪器设备名称及编号

用于填写试验检测过程中主要使用的仪器设备名称及其唯一性标识。应填写参与结果分析计算的量值输出仪器、对结果有重要影响的配套设备名称及编号。

试验检测过程中除使用必要的仪器设备,还可能会用到软件、测量标准、标准物质、参考数据、试剂、消耗品、辅助设备或相应组合装置。主要仪器设备应填写参与结果分析计算的量值输出仪器、对结果有重要影响的配套设备名称及编号。仪器设备编号由检测单位自行编制。例如:土的击实试验,主要仪器设备名称及编号:电子天平(×××)、电子秤(×××)、标准击实仪(×××)。

5.3 检测数据部分

5.3.1 功能

检测数据部分位于基本信息部分之后,用于填写采集的试验数据。

5.3.2 组成

检测数据部分应包括原始观测数据、数据处理过程与方法,以及试验结果等内容。

检测数据部分组成如图5-8所示。

		序号	测试值	平均值
pH值		1	5.24	5.24
		2	5.24	
钢筋锈蚀试验				
锈蚀时间(min)		2	6	10	15
电位(mV)	1	124	609	629	624
	2	126	611	625	622
	3	122	611	625	620
	平均值	124	610	626	622
阳极极化电位-时间曲线					

图5-8 检测数据部分组成

5.3.3 编制要求

5.3.3.1 原始观测数据

应包含获取试验结果所需的充分信息,以便该试验在尽可能接近原条件的情况下能够复现,具体要求如下:

a) 手工填写的原始观测数据应在现场如实、完整记录,如需修改,应杠改并在修改处签字;

手工填写的原始观测数据应在现场直接填写在原始记录表上,原始记录表填写及签名必须使用黑色签字笔或纯黑色墨水钢笔填写,要求书写工整,不得涂改,数据更正必须规范。

填写原始记录表出现笔误后,在笔误的文字或数据上,用原使用的笔墨画一横线,再在笔误处的上行间或下行间填上正确的文字和/或数值,或在旁边填写正确内容并签名(对确实无地方签名的,可在附加声明部分注明),并使原数据仍可辨认。

试验时,原始观测数据只需填写观测数据,试验结束后将原始观测数据录入记录表,按照相应程序进行数据处理,原始记录表应附在记录表后。

b) 由仪器设备自动采集的检测数据、试验照片等电子数据,可打印签字后粘贴于记录表中或保存电子档。

对于自动化程度较高的试验检测仪器设备,宜采用信息化方式对试验过程数据进行采集,采集的原始数据、样品信息、曲线、试验照片等,以 A4 纸打印签字后可作为试验检测记录表,附于试验检测报告之后作为完整的试验检测资料,或以电子档保存归档,无须检测人员再次填写。

5.3.3.2 数据处理过程与方法

应填写原始观测数据推导出试验结果的过程记录,宜包括计算公式、推导过程、数字修约等,必要时还应填写相应依据。

如果填写的内容较多,可以增加试验检测数据部分的篇幅至下一页。

如果计算公式过于复杂,可用《作业指导书》进行控制。

检测单位应对所用软件的计算、推导程序进行确认,并留有痕迹。

如果采用手工计算的记录表,一般应该有计算公式。这是从质量控制的角度考虑,防止试验检测人员计算过程错误。

数据处理过程与方法示例如图 5-9 所示。

滴加硝酸银的体积 V_{01} (mL)	电势 E (mV)	$\Delta E/\Delta V$ (mV/mL)	$\Delta E^2/\Delta V^2$ (mV/mL)^2	滴加硝酸银的体积 V_{02} (mL)	电势 E (mV)	$\Delta E/\Delta V$ (mV/mL)	$\Delta E^2/\Delta V^2$ (mV/mL)^2
11.11	238	—	—	21.08	246	—	—
11.21	251	130	—	21.18	257	110	—
11.31	264	130	0	21.28	269	120	100
11.41	278	140	100	21.38	278	90	−300
V_{01} (mL)	11.21	V_{02} (mL)	21.21	C_{AgNO_3} (mol/L)			0.100 1
称取外加剂 m(2.0174g),用硝酸银溶液滴定							
滴加硝酸银的体积 V_1 (mL)	电势 E (mV)	$\Delta E/\Delta V$ (mV/mL)	$\Delta E^2/\Delta V^2$ (mV/mL)^2	滴加硝酸银的体积 V_2 (mL)	电势 E (mV)	$\Delta E/\Delta V$ (mV/mL)	$\Delta E^2/\Delta V^2$ (mV/mL)^2
12.16	248	—	—	21.33	254	—	—
12.26	259	110	—	21.43	263	90	—
12.36	273	140	300	21.53	275	120	300
12.45	285	120	−200	21.63	286	110	−100
V_1 (mL)	12.32	V_2 (mL)	21.51	V (mL)	0.71	X_{CL^-} (%)	0.12

图 5-9 数据处理过程与方法示例

5.3.3.3 试验结果

应按照检测依据的要求给出该项试验的测试结果。

检测数据部分的原始观测数据、数据处理过程与方法、试验结果示例如图 5-10 所示。

第1页,共1页

水泥混凝土抗压强度试验检测记录表

JGLQ05005

检测单位名称:×××检测中心　　　　　　　　　　　　　　　记录编号:JL-2018-TYH-0001

工程名称	×××至×××高速公路建设项目								
工程部位/用途	×××大桥左幅2-1号墩柱								
样品信息	样品名称:水泥混凝土试件;样品编号:YP-2018-TYH-0001; 样品数量:1组;样品状态:表面平整、无蜂窝麻面、无缺损;来样时间:2018年10月18日								
试验检测日期	2018年10月18日				试验条件	温度:18℃;相对湿度:76%			
检测依据	JTG E30—2005				判定依据	设计文件			
主要仪器设备名称及编号	压力试验机(×××)、游标卡尺(×××)								
试件编号	成型日期	强度等级	龄期(d)	试验日期	试件尺寸(mm)	极限荷载(kN)	抗压强度测值(MPa)	抗压强度测定值(MPa)	换算成标准试件抗压强度值(MPa)
YP-2018-TYH-0001-1 YP-2018-TYH-0001-2 YP-2018-TYH-0001-3	2018年09月20日	C30	28	2018年10月18日	150×150×150 150×150×150 150×150×150	813.50 841.75 818.30	36.2 37.4 36.4	36.7	36.7
—	—	—	—	—	原始观察项目	数据处理过程	试验结果		

附加声明:

检测:　　　记录:　　　复核:　　　　　　　　　　　　　日期:　年　月　日

图5-10　检测数据部分的原始观测数据、数据处理过程与方法、试验结果示例

5.4 附加声明部分

5.4.1 功能

附加声明部分位于检测数据部分之后,用于说明需要提醒和声明的事项。

5.4.2 组成

附加声明部分应包括:
a) 对试验检测的依据、方法、条件等偏离情况的声明;
b) 其他见证方签认;
c) 其他需要补充说明的事项。

附加声明部分即"备注",可用于对试验检测的依据、方法、条件等偏离情况的声明,亦可用于对样品及其试验结果作专门细致性的描述。

5.4.3 编制要求

附加声明部分应根据记录内容编制,如有其他见证方签认,应有签名。

在进行试验检测时,如果没有按照标准要求对试验环境条件进行控制,只是在样品信息中记录了试验时的实际环境条件,在这里应进行声明:试验环境条件没有按照标准进行控制,但是不影响结果的准确性。工地试验室记录表的附加声明区还可用于见证人员签字。

ISO/IEC 17025:2017 中 7.3.3 要求实验室应将抽样数据作为检测或校准工作记录的一部分予以保存。

按照上述要求,对抽样数据应保留记录,但由于基本信息部分区域限制,不可能全部填写抽样信息,故当涉及抽样时,可在附加声明区注明。对于样品的描述,可在基本信息部分的样品信息栏中填写。

附加声明部分实例如图 5-11 所示。

附加声明:
　　1.样品经过一次四分法处理后,质量不满足要求,再采用四分法处理剩余试样进行补充,达到质量要求。此偏离得到委托方确认。
　　2.委托方要求尽快得出结果,但因集料室试验人员外出参加培训,此次试验由土工试验人员进行,此偏离得到委托方确认。
　　3.此次试验过程见证人:×××

图 5-11　附加声明部分实例

5.5 落款部分

5.5.1 功能

落款部分位于附加声明部分之后,用于表征记录表的签认信息。

5.5.2 组成

落款部分应由检测、记录、复核、日期组成。

落款部分组成如图 5-12 所示。

| 检测: | 记录: | 复核: | 日期: 　年　月　日 |

图 5-12　落款部分组成

5.5.3 编制要求

检测、记录及复核应签署实际承担相应工作的人员姓名,日期为记录表的复核日期,以"YYYY 年 MM 月 DD 日"的形式表示。对于采用信息化手段编制的记录表,可使用数字签名。

签字的工作人员,资格应符合《检测管理办法》的规定,并应经过授权。

对于采用信息化手段编制的记录表,可使用数字签名。

对利用信息化手段编制的记录表,应管理规范,防止未经授权者的入侵和修改。

6 检测类报告的编制

6.1 标题部分

6.1.1 功能

标题部分位于检测类报告上方,用于表征其基本属性。

6.1.2 组成

标题部分应由报告名称、唯一性标识编码、检测单位名称、专用章、报告编号、页码组成。

标题部分共由三行固定的格式组成,第一行是页码,第二行是报告名称和报告唯一性标识编码,第三行是检测单位名称和编号。标题部分组成如图6-1所示。

```
                                                                   第 1 页, 共 1 页
               沥青试验检测报告                                    BSYQ10001F
  检测单位名称(专用章):×××检测中心              报告编号: BG16.0001-2018
```

图 6-1 标题部分组成

6.1.3 编制要求

ISO/IEC 17025:2017 指出:实验室应准确、清晰、明确和客观地出具结果,并且应包括客户同意的、解释结果所必需的以及所用方法要求的全部信息。RB/T 214—2017 中要求检验检测机构应准确、清晰、明确、客观地出具检验检测结果,符合检验检测方法的规定,并确保检验检测结果的有效性。上述两个文件对报告编制的具体要求见表6-1。

报告编制内容要求　　　　表 6-1

ISO/IEC 17025:2017	RB/T 214—2017
a)标题(例如"检测报告""校准证书"或"抽样报告");	a)标题;
—	b)标注资质认定标志,加盖检验检测专用章(适用时);
b)实验室的名称和地址;	c)检验检测机构的名称和地址,检验检测的地点(如果与检验检测机构的地址不同);
c)实施实验室活动的地点,包括客户设施、实验室固定设施以外的地点、相关的临时或移动设施;	—
d)将报告中所有部分标记为完整报告一部分的唯一性标识,以及表明报告结束的清晰标识;	d)检验检测报告或证书的唯一性标识(如系列号)和每一页上的标识,以确保能够识别该页是属于检验检测报告或证书的一部分,以及表明检验检测报告或证书结束的清晰标识;

续上表

ISO/IEC 17025:2017	RB/T 214—2017
e) 客户的名称和联络信息;	e) 客户的名称和联系信息;
f) 所用方法的识别;	f) 所用检验检测方法的识别;
g) 物品的描述、明确的标识以及必要时物品的状态;	g) 检验检测样品的描述、状态和标识;
h) 检测或校准物品的接收日期,以及对结果的有效性和应用至关重要的抽样日期;	h) 检验检测的日期;对检验检测结果的有效性和应用有重大影响时,注明样品的接收日期或抽样日期;
i) 实施实验室活动的日期;	—
j) 报告的发布日期;	j) 检验检测报告或证书签发人的姓名、签字或等效的标识和签发日期;
k) 如与结果的有效性或应用相关时,实验室或其他机构所用的抽样计划和抽样方法;	i) 对检验检测结果的有效性或应用有影响时,提供检验检测机构或其他机构所用的抽样计划和程序的说明;
l) 结果仅与被检测、被校准或被抽样物品有关的声明;	l) 检验检测机构不负责抽样(如样品是由客户提供)时,应在报告或证书中声明结果仅适用于客户提供的样品;
m) 结果,适当时,带有测量单位;	k) 检验检测结果的测量单位(适用时);
n) 对方法的补充、偏离或删减;	—
o) 报告批准人的识别;	—
p) 当结果来自外部供应商时,清晰标识	m) 检验检测结果来自外部提供者时的清晰标注;
—	检验检测机构应做出未经本机构批准,不得复制(全文复制除外)报告或证书的声明。

6.1.3.1 报告名称

位于标题部分第二行居中位置,采用以下表述方式:

a) 由单一记录表导出的报告,其报告名称宜采用"项目名称"+"参数名称"+"试验检测报告"的形式命名,并按照5.1.3.1的规定处理;

当报告与记录表能够一一对应时,报告命名与记录表的命名方式一致。报告名称中涉及的检测方法应放在报告名称的最后并加括号。例如:"路基压实度试验检测记录表(灌砂法)"对应的报告为"路基压实度试验检测报告(灌砂法)"。

b) 由多个记录表导出的报告,依据试验参数具体组成,在不引起歧义的情况下宜优先以项目名称命名报告名称,即"项目名称"+"试验检测报告"。当同一项目内有多种类型检测报告时,可按照行业习惯分别编制,并在报告名称后添加"(一)、(二)……"加以区分。

检测机构出具的同一名称的试验检测报告,所含试验参数应一致。

报告内容涵盖等级标准"项目"中全部参数时,以项目名称作为报告名称的组成部分,即采用"项目名称"+"试验检测报告"的形式,例如:公路工程综合甲级检测机构的"沥青混合料试验检测报告",水运工程材料甲级检测机构的"沥青试验检测报告"。当试验检测机构对同一项目仅有一种格式的试验检测报告,报告名称后不需要添加(一)、(二)。

报告内容涵盖等级标准"项目"中部分参数时,所涉及参数无法以习惯或约定的方式加以描述时,可采用"项目名称"+"试验检测报告(一)""项目名称"+"试验检测报告(二)"……的形式。例如:"土工试验检测报告(一)""土工试验检测报告(二)"。

报告内容涵盖等级标准"项目"中部分参数时,所涉及参数可以按习惯或约定的方式加以描述,如"物理力学性能""安装质量"等,以"项目名称(细分条目)"+"习惯或约定的描述"+"试验检测报告"的形式表述,例如:公路工程中的"板式橡胶支座物理力学性能试验检测报告",水运工程中的"钢材物理力学性能试验检测报告"。

报告内容涵盖等级标准"项目细分条目"中全部参数、部分参数、参数无法以习惯或约定的方式加以描述时,也可按上述方法进行报告名称的描述。例如:"水泥混凝土试验检测报告(一)""水泥混凝土试验检测报告(二)"等。

如果参数名称为"×××配合比"时,报告名称为:"项目名称(细分条目)"+"×××配合比"+"设计报告",例如:水泥混凝土配合比设计报告;沥青混合料配合比设计报告。

6.1.3.2 专用章

包括检测专用印章、等级专用标识章、资质认定标志等,具体要求如下:

a) 检测专用印章应端正地盖压在检测单位名称上;

检测专用印章上的名称应与检测报告上的检测单位名称一致。

b) 等级专用标识章应按照 JT/T 1181 的规定使用;

根据 JT/T 1181—2018 中 8.1.11 的规定:取得等级证书的检测机构应规范、合理地使用专用标识章,应在所出具数据报告首页右上角加盖专用标识章,当所出具数据报告中有超出等级评定能力范围的内容时,不应加盖专用标识章。若检测机构开展等级标准之外的试验检测参数业务并出具数据报告,应符合 JT/T 1181—2018 中 6.1.1 的规定,且一般不加盖专用标识章,如确需加盖的,应在报告显著位置注明其超出等级标准范围的内容。

注:6.1.1 试验检测能力即试验检测参数。未列入等级标准的试验检测参数,但检测机构需要开展的,应按照国家有关检验检测机构管理规定执行。

c) 资质认定标志等应按照相关规定使用。

资质认定标志(CMA)应按《检验检测机构资质认定管理办法》(国家质量监督检验检疫总局令第163号)的规定使用。当 CMA、CAL、CNAS 标识同时使用时,建议在报告首页上方从左向右依次盖章,仅使用 CNAS 标识时,建议将章盖在报告首页上方居中位置。

6.1.3.3 唯一性标识编码

与报告名称同处一行,靠右对齐。由10位字母和数字组成。

检测类报告唯一性标识编码各段位的编制要求如下:

a) 专业编码:由3位大写英文字母组成,第1位字母为 B,代表报告,第2、3位字母用于区分专业类别,GL 代表公路工程专业,SY 代表水运工程专业;

b) 领域编码:由1位大写英文字母组成,应符合 JT/T 1181 的规定;

c) 项目编码:由2位数字组成,应符合 JT/T 1181 的规定;

d) 格式区分码:由3位数字组成,采用 001~999 的形式,用于区分项目内各报告格式,由检测单位自行制定;

e) 类型识别码:用"F"表示检测类报告。

格式区分码是为相同项目不同的报告格式而设置,例如:"土试验检测报告(一)""土试验检测报告(二)"的格式区分码分别用 001、002 表示;"乳化沥青试验检测报告""聚合物改性沥青试验检测报告"等格式区分码分别用 001、002 表示。

试验检测报告分为"检测类报告"和"综合评价类报告"两种类型,并用"F"表示检测类报告,用"H"表示综合评价类报告。

6.1.3.4 检测单位名称

位于标题部分第三行位置,靠左对齐。编制要求应符合 5.1.3.3 的规定。

"检测单位名称"位于标题部分第三行位置,靠左对齐。

6.1.3.5 报告编号

与"检测单位名称"同处一行,靠右对齐。编制要求应符合5.1.3.4的规定。

"报告编号"与"检测单位名称"同处一行,靠右对齐。报告编号由检测单位自行编制。

6.1.3.6 页码

编制要求应符合5.1.3.5的规定。

页码位于标题部分第一行,靠右对齐,以"第×页,共×页"的形式表示。

6.2 基本信息部分

6.2.1 功能

基本信息部分位于标题部分之后,用于表征试验检测的基本信息。

6.2.2 组成

基本信息部分应包含施工/委托单位、工程名称、工程部位/用途、样品信息、检测依据、判定依据、主要仪器设备名称及编号信息。

基本信息部分组成如图6-2所示。

委托单位	×××建设集团有限公司	工程名称	×××至×××高速公路建设项目
工程部位/用途	路基填筑		
样品信息	样品名称:K0+000~K0+100路基填筑95区第5层;样品编号:YP-2018-LJS-0001;检测数量:1处;样品状态:路基干燥、清洁、平整		
检测依据	JTG E60—2008	判定依据	设计文件
主要仪器设备名称及编号	灌砂仪(×××)、电子天平(×××)		

图6-2 基本信息部分组成

ISO/IEC 17025:2017、RB/T 214—2017对报告应包含的信息有要求,详见表6-1。

6.2.3 编制要求

6.2.3.1 施工/委托单位

施工/委托单位为二选一填写项,宜填写委托单位全称。工地试验室出具的报告可填写施工单位名称。

委托单位名称在委托合同中获取。

6.2.3.2 工程名称

编制要求应符合5.2.3.1的规定。

报告中的"工程名称"应与"记录表(5.2.3.1 工程名称)"中填写的工程名称一致。

当检测机构进行盲样管理时,"记录表"中工程名称不填写。这时"工程名称"从委托合同中获取。

6.2.3.3 工程部位/用途

编制要求应符合5.2.3.2的规定。

报告中的工程部位/用途应与"记录表(5.2.3.2 工程部位/用途)"中填写的内容一致。

6.2.3.4 样品信息

应包含样品名称、样品编号、样品数量、样品状态。编制要求应符合5.2.3.3的规定。

报告中的样品信息应与"记录表(5.2.3.3 样品信息)"中填写的内容一致。

6.2.3.5 检测依据

编制要求应符合5.2.3.6的规定。

报告中的检测依据应与"记录表(5.2.3.6 检测依据)"中填写的内容一致。

6.2.3.6 判定依据

编制要求应符合5.2.3.7的规定。

报告中的判定依据应与"记录表(5.2.3.7 判定依据)"中填写的内容一致。

6.2.3.7 主要仪器设备名称及编号

编制要求应符合5.2.3.8的规定。

报告中的主要仪器设备名称及编号应与"记录表(5.2.3.8 主要仪器设备名称及编号)"中填写的内容一致。

6.3 检测对象属性部分

6.3.1 功能

检测对象属性部分位于基本信息部分之后,用于被检对象、测试过程中有关技术信息的详细描述。

6.3.2 组成

检测对象属性应包括基础资料、测试说明、制样情况、抽样情况等。

对检测结果的有效性和可追溯性有重要影响的被检对象或测试过程中所特有的信息,宜在检测对象属性部分表述,其内容视报告的需求而定,可以为时间信息、抽样信息、材料或产品生产信息、材料配合比信息等,如检测日期、委托编号、检测类别、试验龄期、抽样方式、材料的产地、生产批号、各种材料用量等。

检测对象属性部分组成如图6-3所示。

检测日期	2018年08月24日—2018年08月27日	产地	×××
委托编号	0420180823003	种类	砂岩
检测类别	见证取样	进场日期	2018年08月21日

图6-3 检测对象属性部分组成

6.3.3 编制要求

检测对象属性应能如实反映检测对象的基本情况,视报告具体内容需要确定,并具有可追溯性,具体要求如下:

a) 基础资料宜描述工程实体的基本技术参数,如设计参数、地质情况、成型工艺等;

例如:混凝土结构的设计强度,路基填方路段的原地面天然含水率,预应力筋的张拉方法等。

b) 测试说明宜包括测试点位、测试路线、图片资料等。若对试验结果有影响时,还应说明试验后样品状态;

例如:进行压实度检测,应说明按JTG E60—2008附录A 公路路基路面现场测试随机选点方法确定测定区间、测定断面、测点位置。

c) 制样情况的编制要求应符合5.2.3.3 f)的规定;

d) 抽样情况的编制要求应符合5.2.3.3 g)的规定。

制样情况和抽样情况可根据实际情况增减。

6.4 检测数据部分

6.4.1 功能

检测数据部分位于检测对象属性部分之后,用于填写检测类报告的试验数据。

6.4.2 组成

检测数据部分的相关内容来源于记录表,应包含检测项目、技术要求/指标、检测结果、检测结论等内容及反映检测结果与结论的必要图表信息。

检测数据部分组成如图6-4所示。

检测参数			检测结果			
		技术要求	试样数	平均值	偏差值(%)	变异系数
物理特性	单位面积质量偏差率(g/m²)	偏差率为400g/m²的±5%以内	10	404	1.0	1.4
	厚度(25cm², 2.0kPa)(mm)	偏差率为3.00mm的±10%以内	10	3.03	1.0	1.5
力学特性	抗拉强度(kN/m) 纵向	≥15	5	15.8	—	3.6
	抗拉强度(kN/m) 横向	≥15	5	15.7	—	2.3
	最大负荷下伸长率(%) 纵向	20~100	5	38	—	3.3
	最大负荷下伸长率(%) 横向	20~100	5	42	—	2.8
	撕破强力(kN) 纵向	≥0.40	10	0.8545	—	3.4
	撕破强力(kN) 横向	≥0.40	10	0.7807	—	1.3
	CBR顶破强力(kN)	—	—	—	—	—
水力特性	垂直渗透系数(cm/s)	$K \times 10^{-1} \sim 10^{-3}$ ($K=1.0 \sim 9.9$)		—		
	有效孔径O_{95}(mm)	0.07~0.20		0.080		
检测结论:经检测,该土工合成材料所检项目满足GB/T 17638—2017中15kN/m短纤针刺非织造土工布指标要求。						

图6-4 检测数据部分组成

6.4.3 编制要求

检测结论应包含根据判定依据做出的符合或不符合的相关描述。当需要对检测对象质量进行判断时,还应包含结果判定信息。

示例1:该硅酸盐水泥样品的强度等级(P·O 42.5)符合GB 175—2007《通用硅酸盐水泥》中的技术要求。

该硅酸盐水泥样品的3d、28d抗折、抗压强度,符合《通用硅酸盐水泥》(GB 175—2007)对P·O 42.5水泥的技术要求。

当无判定依据时,检测结论就不具备给出符合或不符合的条件,可将检检测结果直接作为检测结论进行描述,例如:某份土的击实试验检测报告的检测结论为:经检测,该土样的最大干密度为1.92g/cm³,最佳含水率为13.0%。

6.5 附加声明部分

6.5.1 功能

附加声明部分位于检测数据部分之后,用于说明需要提醒和声明的事项。

6.5.2 组成

附加声明部分可用于:

a) 对试验检测的依据、方法、条件等偏离情况的声明；

偏离情况的声明根据记录表中的附加声明部分内容进行编写。

b) 对报告使用方式和责任的声明；

检测机构不负责抽样（如样品是由客户提供）时，应附加声明：结果仅适用于客户提供的样品。

检测机构应作出未经本机构批准，不得复制（全文复制除外）报告或证书的声明。

c) 报告出具方联系信息；

填写检测机构的地址，检测的地点（如果与检测机构的地址不同），电话，邮箱等。

d) 其他需要补充说明的事项。

客户在使用报告时，可能产生的误解、错误引用报告内容，以及提出的一些疑问，应该加以声明。

如有需要，可补充抽样方、见证方相关信息。

6.5.3 编制要求

附加声明部分应根据报告内容编制。

RB/T 214—2017 中 4.5.21 对报告内容还有如下要求：

当需对检验检测结果进行说明时，检验检测报告或证书中还应包括下列内容：

a) 对检验检测方法的偏离、增加或删减，以及特定检验检测条件的信息，如环境条件；

b) 适用时，给出符合（或不符合）要求或规范的声明；

c) 当测量不确定度与检验检测结果的有效性或应用有关，或客户有要求，或当测量不确定度影响到对规范限度的符合性时，检验检测报告或证书中还需要包括测量不确定度的信息；

d) 适用且需要时，提出意见和解释；

e) 特定检验检测方法或客户所要求的附加信息。报告或证书涉及使用客户提供的数据时，应有明确的标识。当客户提供的信息可能影响结果的有效性时，报告或证书中应有免责声明。

以上信息也可以在附加声明中编制。

附加声明部分的实例如图6-5和图6-6所示。

附加声明：报告无本单位"检测专用章"无效；报告签名不全无效；报告改动、换页无效；本样品由委托方提供，报告结果仅适用于接收到的样品。未经本单位批准，不得部分复制本报告；若对本报告有异议，应于收到报告××个工作日内向本单位提出书面复议申请，逾期不予受理。

机构地址：   联系电话：

图6-5 附加声明部分的实例1

附加声明：

抽样单位：×××   抽样人：×××

见证单位：×××   见证人：×××

报告无本单位"检测专用章"无效；报告签名不全无效；报告改动、换页无效；本样品由委托方提供，报告结果仅适用于接收到的样品；未经本单位批准，不得部分复制本报告；若对本报告有异议，应于收到报告×个工作日内向本单位提出书面复议申请，逾期不予受理。

地址：   电话：   传真：

图6-6 附加声明部分的实例2

6.6 落款部分

6.6.1 功能

落款部分位于附加声明部分之后，用于表征签署信息。

6.6.2 组成

落款部分应由检测、审核、批准、日期组成。

落款部分组成如图6-7所示。

| 检测： | 审核： | 批准： | 日期： 年 月 日 |

图6-7 落款部分组成

6.6.3 编制要求

检测、审核、批准应签署实际承担相应工作的人员姓名。日期为报告的批准日期。编制要求应符合5.5.3的规定。

ISO/IEC 17025:2017要求结果在发出前应经过审查和批准(7.8.1.1)。

RB/T 214—2017要求检验检测机构的授权签字人应具有中级及以上专业技术职称或同等能力,并经资质认定部门批准,非授权签字人不得签发检验检测报告或证书。

《检测管理办法》第三十八条规定:试验检测报告应当由试验检测师审核、签发。

JT/T 1181—2018中7.3.9.2要求试验检测报告的审核、签发人应具备试验检测师资格,应被授权。

检测机构出具报告,批准(签发)人应具备试验检测师资格,同时为检测机构的授权签字人。按照《检测管理办法》的规定,报告应由试验检测师(试验检测工程师)审核、批准。报告审核人应当是签字领域的持证试验检测师(试验检测工程师);报告批准人应当是持证试验检测师(试验检测工程师),且在授权的能力范围内签发检测报告。

对于采用信息化编制的报告,可使用数字签名。数字签名应符合国家有关规定。检测机构采取数字签名方式出具试验检测报告时,还应在质量体系中有明确的管理规定,并合理设置权限,确保数字签名的合法性、真实性和有效性。

7 综合评价类报告的编制

7.1 封面部分

7.1.1 组成

综合评价类报告封面部分的内容宜包括唯一性标识编码、报告编号、报告名称、委托单位、工程(产品)名称、检测项目、检测类别、报告日期及检测单位名称。

7.1.2 编制要求

7.1.2.1 唯一性标识编码

位于封面部分上部右上角,靠右对齐。编码规则的编制要求应符合6.1.3.3的规定,其类型识别码为"H"。

每份综合评价类报告只存在一个唯一性标识编码,当一份报告涉及多个检测项目或同一检测项目多个检测参数,试验检测机构应在管理体系文件中明确项目编码和格式区分码的选取规则。

例如:某高速公路某桥梁进行检测评估报告可涉及混凝土等多个项目,其唯一性标识编码可为BGLP05×××H;某水运工程码头交工验收质量检测报告,其唯一性标识编码可为BSYP01×××H。

其中×××为格式区分码,由3位数字组成,采用001~999的形式,用于区分项目内各报告格式,由检测机构在其管理体系文件中自行规定。

7.1.2.2 报告编号

位于封面部分上部右上角第二行,靠右对齐。编制要求应符合5.1.3.4的规定。

报告编号是检测机构按自身管理要求对其出具的每一份试验检测报告进行识别的编号,具有唯一性。由于综合评价类报告涉及多个检测项目或同一检测项目多个检测参数,试验检测机构应在管理体系文件中明确报告编号原则。

7.1.2.3 报告名称

位于封面部分"报告编号"之后的居中位置,统一为"检测报告"。

《检验检测机构资质认定管理办法》(国家质量监督检验检疫总局令第163号)对检测与检验概念定义如下:检测是依据相关标准和规范,使用仪器设备,在规定的环境条件下,按照相应程序对测试对象的属性进行测定或者验证的活动,其输出为测试数据。检验是基于测试数据或者其他信息来源,依靠人的经验和知识,对测试对象是否符合相关规定进行判定的活动,其输出为判定结论。

综合评价类报告更多是提供给委托方测试数据及检测结果,涉及的大多数检测参数是没有判定标准,无法输出判定结论的,例如:桥梁隧道等结构的施工监控报告。因此,报告名称统一为"检测报告"。

7.1.2.4 委托单位

应填写委托单位全称。

综合评价类报告涉及的检测项目及检测参数较多,委托书一般以合同形式体现,报告中的委托单位要与委托合同中委托方一致。

7.1.2.5 工程(产品)名称

应填写检测对象所属工程项目名称或所检测的工程产品名称。

工程(产品)名称应与委托合同所列名称一致。

7.1.2.6 检测项目

应填写报告的具体检测项目内容,应以JT/T 1181所示项目、参数为依据,且宜采用"项目名称"+"参数名称"的形式命名,其编制要求应符合6.1.3.1的规定。

如涉及的检测项目及参数较多,可用行业术语总结检测项目语句。

例如:某高速公路斜拉桥交工验收时所做检测评估,涉及桥梁结构项目的位移,静态挠度,静态应变(应力),动态应变(应力),动态挠度,冲击系数,模态参数,承载能力,结构线形,竖直度,结构尺寸,索力,温度以及钢结构参数等;混凝土结构项目的混凝土强度,碳化深度,钢筋位置,钢筋保护层厚度,表观缺陷,内部缺陷,裂缝等参数,检测项目可用行业术语总结为"桥梁检测评估"。

7.1.2.7 检测类别

按照不同检测工作方式和目的,可分为委托送样检测、见证取样检测、委托抽样检测、质量监督检测、仲裁检测及其他。

委托送样检测是委托方将样品送至检测机构,检测机构未参与样品的抽取工作,检测机构出具的报告仅对委托方提供的样品负责。

见证取样检测是在建设单位和(或)监理单位的人员见证下,由委托方现场取样送至检测机构,检测机构出具的报告仅对委托方提供的样品负责。

委托抽样检测是检测机构参与抽样过程,按照抽样方案对样品进行抽样,检测机构出具的报告对整批样品负责。

质量监督检测是政府行为,分为委托送样检测和委托抽样检测两种形式,检测机构应在委托合同中予以明确。

仲裁检测是针对争议产品所做的检测,仲裁检测的目的是作出争议产品的质量判定,解决产品质量纠纷。有资格出具仲裁检测报告的检测机构须是经过省级以上质量技术监督部门或其授权的部门考核合格的机构,并且其仲裁检测的产品范围限制在授权其检测范围内。

综合评价类报告多数情况属于委托抽样检测的类别。

7.1.2.8 报告日期

报告的批准日期,其表示方法应符合5.5.3的规定。

授权签字人签发报告的日期。授权签字人是由检测机构授权,经资质认定部门考核合格后,代表检测机构在其资质认定授权的能力范围内签发检测报告的人员。

7.1.2.9 检测单位名称

编制要求应符合5.1.3.3的规定。

7.1.2.10 专用章

编制要求应符合6.1.3.2的规定。

7.2 扉页部分

宜包含报告有效性规定、效力范围申明、使用要求、异议处理方式,以及检测机构联系信息等。

7.3 目录部分

按照"标题名称"+"页码"的方式编写,示出一级章节名称即可。页码宜从正文首页开始设置,宜用阿拉伯数字顺序编排。

报告正文每一页上的页码标识,能够识别该页是属于报告的一部分,以及表明报告是否结束。综合评价类报告涉及检测项目及检测参数较多,设置目录可清晰反映章节情况。

7.4 签字页部分

签字页部分应包含工程名称、项目负责人、项目参加人员、报告编写人、报告审核人和报告批准人。宜打印姓名并手签。对于采用信息化手段编制的报告,可使用数字签名。

综合类检测项目涉及检测人员往往较多,各检测人员根据在检测项目的职责不同,大致划分为项目负责人、项目主要参加人员、报告编写、报告审核、报告批准。项目主要参加人员可包括报告编写人员、报告审核人员、报告批准人员。

按照《检测管理办法》的规定,报告应由试验检测师(试验检测工程师)审核、签发。报告审核人应当是签字领域的持证试验检测师(试验检测工程师)。报告批准人应当是持证试验检测师(试验检测工程师),且在授权的能力范围内签发检测报告。

7.5 正文部分

7.5.1 组成

正文部分应包含项目概况、检测依据、人员和仪器设备、检测内容与方法、检测数据分析、结论与分析评估、有关建议等内容。

综合评价类报告一般是针对结构物检测,报告涉及多个检测项目或检测参数的检测数据及结果,因此,报告内容比常规材料检测报告丰富。报告既要满足 RB/T 214—2017 对人员、设备、方法选择、结果报告、结果说明、意见和解释等要求规定,又要体现项目检测过程、数据处理分析过程、数据结果应用等。

7.5.2 编制要求

7.5.2.1 项目概况

明确项目的工程信息,应包含但不限于如下信息:委托单位信息、项目名称、所在位置、项目建设信息、原设计情况及主要设计图示、主要技术标准、养护维修及加固情况,与检测项目及检测参数相关的设计值、规定值、项目实施情况等。明确检测目的,应包括检测参数的基本情况。

项目概况描述信息一般包括:被检对象所属建设项目及地理位置;委托方的全称;被检对象状况信息(包括规格型号、设计等级、构造组成及相应设计情况、服役期间的工作状况、历次检测情况、维修加固情况等);委托方要求的检测内容;检测意图。

项目概况信息应与检测合同、设计文件和现场实际情况相一致;项目概况描述的信息还应能与报告正文后续部分阐述的内容相关联,能够作为判断检测实施是否科学,数据结果异常与否,结论及建议是否合理的依据。

7.5.2.2 检测依据

应按检测参数列出对应的检测标准、规范及设计报告等文件名称。

检测依据可包括:

(1)与检测参数相对应经批准的检测方法(包括国家标准、行业标准、地方标准等);
(2)与被检对象相关的设计文件;
(3)委托合同;
(4)经审定的检测方案。

7.5.2.3 人员和仪器设备

应列明参加检测的主要人员姓名、参与完成的工作内容等信息,明确检测用的主要仪器设备名称及编号。

列出主要参加人员的基本信息(姓名、职称、持证情况)与对应所完成的主要工作内容,能够清晰反映出检测人员是否有资格及能力完成相应检测工作。

列出主要仪器设备的名称、规格型号、管理编号、数量、量值溯源有效期等情况,能够清晰反映出设备的来源、是否满足检测参数需求、检测数据是否有效等。

7.5.2.4 检测内容与方法

明确检测内容,应包括检测参数、对应的具体检测方法、测点布设、抽样情况等。对于技术复杂的检测内容,宜包括检测技术方案的描述。

对于不复杂的综合评价类检测项目,应简要描述各检测参数的检测方法、检测实施情况(包括测区布设、测点布置等)、实施过程中的注意事项等。

对于复杂的综合评价类检测项目,可简述检测技术方案及其实施情况。

如存在抽样,应简要描述抽样依据、抽样方案、抽样实施、抽样结果,抽样过程中可能影响检测结果的环境条件的详细信息,并应保存好抽样记录。

7.5.2.5 检测数据分析

说明检测结果的统计和整理,检测数据分析的基本理论或方法,并阐述利用实测数据进行推演计算的过程。还宜包括推演计算结果与设计值、理论值、标准规范规定值、历史检测结果的对比分析。必要时,可采用图表表达数据变化趋势和规律。

检测数据分析是综合评价类报告的重要内容,是检测结果及建议解释主要依据。主要包括检测原始数据的整理,数据的统计修正,数据分析的理论方法,数据推演计算过程,采用图表形式表达数据结果与设计值、理论值、标准值、历次检测的对比,必要时采用图表形式展示数据结果的规律性和趋势性。

7.5.2.6 结论与分析评估

宜包括各检测结果与设计值、理论值、标准规范规定值、历史检测结果的对比分析结论及必要的原因分析评估。如需要,应给出各检测结果是否满足设计文件或评判标准要求的结论。

结论与分析评估是综合评价类报告的重中之重,报告正文之前篇幅均为结论与分析评估依据。结论与分析评估应包括检测数据分析结果汇总,检测结果与设计值、理论值、标准值、历次检测结果的对比结论,结果原因分析和评估,同时如有相关设计文件或判定标准对检测参数有定量或定性规定,应给出检测结果是否满足相关要求的结论等。

7.5.2.7 有关建议

可根据检测结论和分析评估,提出项目在下一工序、服役阶段应采取的处置措施或注意事项等建议。

RB/T 214—2017 明确:当需要对检测报告做出意见和解释时,意见和解释应在检测报告中清晰标注。检验检测机构可以结合自己能力水平、检测经验,对检测结果进行分析评估,提出项目在下一工序、服役阶段应采取的处置措施或注意事项。

例如:某大桥荷载试验报告中针对发现的问题提出了以下建议:(1)该桥桥面设计为单向纵坡,建议管养单位加强对在恒载和长期体系温差的循环作用下的结构变形观测,尤其关注梁体水平位移和桥梁线性,如出现异常应及时设置限位装置;(2)该桥桥面系通过钢支座与主桁连接,且桥面系设有伸缩缝,故营运过程中应关注支座和伸缩缝的工作状态;(3)对外观检查时发现的混凝土裂缝、索骨鼓丝、积水等现象应及时进行处理,以确保结构安全和耐久性。

7.6 附件部分

当有必要使用检测过程中采集的试验数据、照片等资料以及试验检测记录表,对检测结论进行支撑和证明时,可将该类资料编入附件部分。

附件部分是对检测报告的有效支撑,不等同于试验检测原始记录。只有当检测结论需要检测过程中采集的试验数据、照片等资料以及试验检测记录表进行支撑和证明时,才将该类资料编入附件部分。例如:某高速公路路面弯沉、平整度每半幅每公里评定汇总表可作为附件部分。

8 数据报告的信息化管理

8.1 概述

近年来,人工智能及信息技术在各行各业得到广泛运用,催生了很多新型业态,已成为众多行业发展迈上新台阶的利器。然而,在公路水运工程试验检测行业,智能信息技术的应用总体水平尚低,尤其是作为试验检测机构产品的试验检测数据报告,缺乏互联互通和大数据分析的基础条件,这不仅制约着行业发展动力和运行效率,也影响了试验检测数据报告对工程质量安全的反映能力和支撑作用。JT/T 828—2019 从规范和统一公路水运工程试验检测数据报告的编制规则出发,紧紧围绕《检测管理办法》、JT/T 1181—2018、RT 214—2017、ISO/IEC 17025:2017 等文件的管理规定,充分考虑试验检测工作所依据标准、规范、规程的特点,为全面提升公路水运工程试验检测信息化水平奠定了基础。

为了更好地发挥 JT/T 828—2019 在提升数据报告规范化水平方面的指导作用,本章将在如何正确使用 JT/T 828—2019,开展试验检测数据报告信息化建设和管理等方面进行阐述,从而更加科学和准确地把握行业信息化建设与管理的方向,利于从业单位开展试验检测信息化建设,便于行业管理部门履行有关管理职责。本章依照 JT/T 828—2019 的相关要求,从信息化建设与管理的角度,阐述记录表和报告编制工作的信息化功能要求,介绍当前信息技术在试验检测行业的新应用,并针对数据报告编制工作,提出了试验检测工作信息化的基本流程,对涉及的信息化建设标准进行总结归纳,为检测机构及工地试验室的信息管理系统(以下简称系统)建设提供科学依据。

8.2 记录表的编制功能

系统采用诸多信息化技术处理记录表,提高试验检测工作效率,实现试验检测工作标准化和信息化。编制内容如下:

(1) 标题部分

①记录表名称:系统内置。

②唯一性标识编码:内置用于管理记录表格式的编码,具有唯一性,与记录表名称同处一行,靠右对齐。唯一性标识编码能根据记录表参数变化进行动态调整。

③检测单位名称:自动调用系统内置的检测机构名称。

④记录编号:根据检测机构或建设项目业主统一的编号规则进行自动生成,记录编号应具有唯一性。

⑤页码:系统自动生成或手工录入。

(2) 基本信息部分

①工程名称:根据系统预设工程名称自动显示或自动提取委托合同中填写的工程名称。在试验记录填写阶段,系统启用盲样管理后能自动隐藏工程名称等信息。

②工程部位/用途:从委托合同中获取工程部位/用途信息,也可以采用手工录入。

③样品信息:包含来样时间、样品名称、样品编号、样品数量、样品状态、制样情况和抽样情况,其中制样情况和抽样情况可根据实际删减。从委托合同中获取样品相关信息,也可以采用手工录入。编制要求为:

a) 来样时间应填写检测机构收到样品的日期,以"YYYY 年 MM 月 DD 日"的形式表示。
b) 样品名称应按标准规范的要求。
c) 样品编号由系统自动生成,用于区分每个独立样品。
d) 样品数量宜按照检测依据规定的计量单位,如实录入。
e) 样品状态应描述样品的性状,如样品的物理状态、是否有污染、腐蚀。
f) 制样情况应描述制样方法及条件、养护条件、养护时间及依据等;
g) 抽样情况应描述抽样日期、抽取地点(包括简图、草图或照片)、抽样程序、抽样依据及抽样过程中可能影响检测结果解释的环境条件情况等。

④试验检测日期:选择录入或手工录入试验的起止日期。日期以"YYYY 年 MM 月 DD 日"形式表示。如:2018 年 10 月 11 日或 2018 年 10 月 11 日—2018 年 10 月 18 日。

⑤试验条件:试验时的温度、相对湿度、照度、气压等环境条件,采用手工录入。

⑥检测依据:内置有效的技术标准、规范、规程、作业指导书等技术标准库,提供选择录入和手工录入功能,标准库可进行动态更新维护。

⑦判定依据:内置有效的标准、规范、规程、设计文件等标准库,提供选择录入和手工录入功能,标准库可进行动态更新维护。

⑧主要仪器设备名称及编号:对主要仪器设备名称、规格型号及编号等信息进行预设,可以选择使用。

(3) 检测数据部分

试验检测得出原始观测数据或仪器设备自动得出试验检测结果,通过手工录入或自动传输至系统。由系统定义好原始观测数据或试验检测结果传输的格式。系统提供的试验检测记录表格式、计算公式、过程、结果、数字修约等内容应当由使用单位验证通过后方可使用。

原始观测数据记录分为以下四种情况:

①手工记录:对于人工读取的原始观测数据,应如实、完整记录,并将原始观测数据手工录入至系统,系统自动计算并生成试验检测记录表。保存签字后的原始观测数据记录和试验检测记录表。

例如:在细集料颗粒级配试验(干筛法)中,称量各筛筛余试样的质量,将数据填入原始观测数据记录(图8-1)(样式仅供参考,原始观测数据记录格式可由检测机构自行确定),将原始观测数据手工录入系统,系统自动计算并生成试验检测记录表(图8-2),可以打印后签字。应保存签字后的细集料颗粒级配原始观测数据记录(干筛法)和细集料颗粒级配试验检测记录表(干筛法)。

②自动打印:如果仪器设备带有自动处理和打印功能,可将打印的数据手工录入系统,系统自动计算并生成试验检测记录表。应保存签字后的打印数据记录和试验检测记录表。

第 *1* 页，共 *1* 页

细集料颗粒级配原始观测数据记录(干筛法)

检测单位名称：×××工地试验室　　　　　　　　　　　记录编号：*JL-LJ17-2018-XJL-0002*

样品信息	*名称：机制砂　编号：YP-LJ17-2018-XJL-0002　描述：洁净、无杂质*		
试验检测日期	*2018年06月09日*	试验条件	*温度：23℃*
检测依据	*JTG E42—2005*	判定依据	*JTG/T F60—2009*
主要仪器设备名称及编号	*震击式标准振筛机(GL01020002)、新标准方孔砂石筛(GL01020001-2)、电子天平(GL01020004-1)、电热鼓风恒温干燥箱(GL01020003)*		
第一组总质量(g)	*500.0*	第二组总质量(g)	*500.5*
筛孔尺寸(mm)	分计筛余质量(g)		
	第一组	第二组	
9.5	*0*	*0*	
4.75	*24.5*	*25.5*	
2.36	*83.5*	*81.5*	
1.18	*80.5*	*83.5*	
0.6	*105.0*	*112.0*	
0.3	*127.0*	*125.5*	
0.15	*52.5*	*48.5*	
筛底	*24.5*	*22.0*	
—	—	—	
附加声明：			

检测：　　　　记录：　　　　复核：　　　　日期：*2018年06月09日*

图 8-1　细集料颗粒级配试验(干筛法)原始观测数据记录表样式

注：图中斜体内容为手写。

第 1 页，共 1 页

细集料颗粒级配试验检测记录表(干筛法)

JGLQ02013a

检测单位名称：×××工地试验室　　　　　　　　　　记录编号：JL-LJ17-2018-XJL-0002

工程名称	×××高速公路工程项目								
工程部位/用途	K0+180~K0+200段泥石流导流槽左侧墙身基础								
样品信息	名称：机制砂　编号：YP-LJ17-2018-XJL-0002　描述：洁净、无杂质								
试验检测日期	2018年06月09日			试验条件		温度：23 ℃			
检测依据	JTG E42—2005			判定依据		JTG/T F60—2009			
主要仪器设备名称及编号	震击式标准振筛机(GL01020002)，新标准方孔砂石筛(GL01020001-2)，电子天平(GL01020004-1)，电热鼓风恒温干燥箱(GL01020003)								
来样中>9.5mm的颗粒含量(%)			0	第一组总质量(g)		500.0	第二组总质量(g)		500.5

筛孔尺寸(mm)	第一组			第二组			累计筛余百分率(%)	质量通过百分率(%)	累计	
	分计筛余质量(g)	分计筛余百分率(%)	累计筛余百分率(%)	分计筛余质量(g)	分计筛余百分率(%)	累计筛余百分率(%)			上限(%)	下限(%)
9.50	0	0.0	0.0	0	0.0	0.0	0.0	100.0	0	0
4.75	24.5	4.9	4.9	25.5	5.1	5.1	5.0	95.0	10	0
2.36	83.5	16.7	21.6	81.5	16.3	21.4	21.5	78.5	25	0
1.18	80.5	16.1	37.7	83.5	16.7	38.1	37.9	62.1	50	10
0.60	105.0	21.0	58.7	112.0	22.4	60.5	59.6	40.4	70	41
0.30	127.0	25.4	84.1	125.5	25.1	85.6	84.8	15.2	92	70
0.15	52.5	10.5	94.6	48.5	9.7	95.3	95.0	5.0	100	90
筛底	24.5	4.9	/	22.0	4.4	/	/	/	/	/
第一组	损耗质量(g)		2.5	损耗(%)		0.50	细度模数M_x		2.86	
第二组	损耗质量(g)		2.0	损耗(%)		0.40	细度模数M_x		2.90	
细度模数M_x		2.9			中砂			属II区		

▲上限　●下限　■筛分曲线

附加声明：

检测：　　　　　　记录：　　　　　　复核：　　　　　　日期：　年 月 日

图8-2　系统自动计算并生成试验检测记录表样式

8 数据报告的信息化管理

例如:在钢材力学试验中,万能试验机自动打印抗拉试验数据(图8-3),将有关数据手工录入系统,系统自动计算并生成记录表(图8-4),可以打印后签字。应保存签字后的抗拉试验数据凭条和记录表。

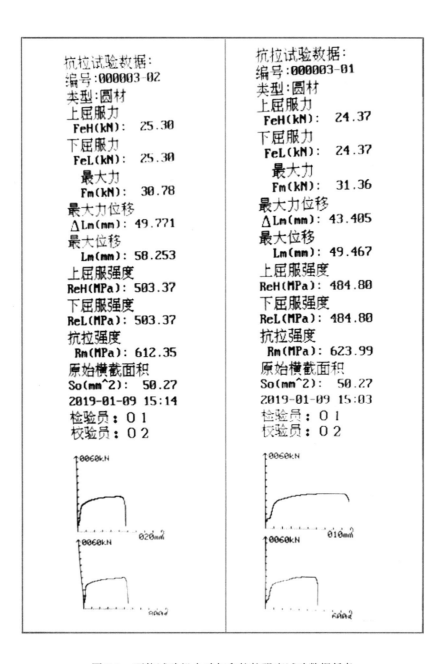

图8-3 万能试验机自动打印抗拉强度试验数据凭条

③自动采集:对于已具有或通过改造后具有数据自动采集功能的仪器设备,其产生的原始电子数据自动传输至系统,由系统自动计算并生成试验检测记录表。应保存签字后的原始采集电子数据和试验检测记录表,原始采集电子记录可以保存为电子档。

例如:在混凝土抗压强度试验中,具有自动数据采集及传输接口的压力试验机产生的原始电子数据,自动传输至系统,生成试验检测记录表(图8-5),可以打印后签字。保存签字后的水泥混凝抗压强度试验检测记录表。

钢材屈服强度、抗拉强度、断后伸长率最大力总伸长率试验检测记录表

第 1 页，共 1 页
JGLQ15004
JGLQ15003
JGLQ15005
JGLQ15006

检测单位名称：×××工地试验室　　　　　　　　　　　　　　　　　　　　　记录编号：JL-2019-GJJ-0028

工程名称	×××高速公路工程项目						
工程部位/用途	×××右线特大桥桥梁工程						
样品信息	来样时间：2019年01月08日；样品名称：φ8HRB400E热轧带肋钢筋；样品编号：YP-2019-GJJ-0028；样品数量：2根；样品状态：无锈蚀，无肉眼可见缺陷						
试验检测日期	2019年01月09日			试验条件	温度：22℃；	相对湿度：%	
检测依据	GB/T 228.1—2010			判定依据	GB/T 1499.2—2018		
主要仪器设备名称及编号	数字式万能试验机（×××）、游标卡尺（×××）、标距打点机（×××）						

	试件编号	000001	/	/	/	/	/
	牌号	HRB400E	/	/	/	/	/
试件尺寸	公称直径(mm)	8	/	/	/	/	/
	公称截面积(mm²)	50.27	/	/	/	/	/
屈服强度	屈服荷载(kN)	25.30	24.37	/	/	/	/
	屈服强度ReL(MPa)	503	485	/	/	/	/
抗拉强度	极限荷载(kN)	30.78	31.36	/	/	/	/
	极限强度(MPa)	612	624	/	/	/	/
断后伸长率	原始标距(mm)	40.00	40.00	/	/	/	/
	断后标距(mm)	51.00	50.50	/	/	/	/
	断后伸长率(%)	27.5	26.0	/	/	/	/
最大力总伸长率	原始标距(mm)	/	/	/	/	/	/
	断后标距(mm)	/	/	/	/	/	/
	最大力总伸长率(%)	/	/	/	/	/	/

空白

附加声明：

检测：　　　　　　　记录：　　　　　　　复核：　　　　　　　日期：　　年　月　日

图 8-4　原始数据自动传输至系统生成记录表

8 数据报告的信息化管理

第 1 页，共 1 页

水泥混凝土抗压强度试验检测记录表

JGLQ05014

检测单位名称：×××工地试验室　　　　　　　　　　记录编号：JL-LJ17-2018-TYH-0510

工程名称	×××高速公路工程项目							
工程部位/用途	隧道进口YK15+363-YK15+375仰拱							
样品信息	名称：硬化后水泥混凝土试件 编号：YP-LJ17-2018-TYH-0510 描述：表面平整、无蜂窝麻面、无缺损							
试验检测日期	2019年01月11日			试验条件		温度：/℃； 相对湿度：/%		
检测依据	JTG E30-2005			判定依据		设计文件		
主要仪器设备名称及编号	数字式压力试验机(GL01050004)，游标卡尺(GL02040003)							

试件编号	成型日期	强度等级	龄期(d)	试验日期	试件尺寸(mm)	极限荷载(kN)	抗压强度测值(MPa)	抗压强度平均值(MPa)	换算成标准试件抗压强度值(MPa)
YP-2018-TYH-0510-1 YP-2018-TYH-0510-2 YP-2018-TYH-0510-3	2018-12-14	C30	28	2019-01-11	150×150×150	876.93	39.0	39.4	39.4
					150×150×150	899.37	40.0		
					150×150×150	880.11	39.1		
/	/	/	/	/	/	/	/	/	/
					/	/	/		
					/	/	/		
/	/	/	/	/	/	/	/	/	/
					/	/	/		
					/	/	/		
/	/	/	/	/	/	/	/	/	/
					/	/	/		
					/	/	/		
/	/	/	/	/	/	/	/	/	/
					/	/	/		
					/	/	/		
/	/	/	/	/	/	/	/	/	/
					/	/	/		
					/	/	/		

附加声明：

检测：　　　　　记录：　　　　　复核：　　　　　日期：　年　月　日

图 8-5　混凝土抗压强度试验自动生成试验检测记录表

④电子数据:对于自动化检测设备,其产生的原始电子数据自动传输至专用软件,由软件自动计算并输出试验检测结果。应保存原始电子数据。

例如:在平整度试验中,激光式平整度仪通过激光和画像处理等非接触式测绘方式,对路面的平整度进行测试,生成可靠性测量数据高速传输到计算机经由专门软件处理,可输出计算表和波形图。在平整度测试时确定好试验电子数据在电脑的输入位置,并对命名存储路径。产生的原始电子数据可直接作为原始数据进行存档。如图8-6所示。

图8-6 路面平整度试验原始数据

(4)附加声明

相关信息手工录入。

(5)落款部分

检测、记录复核由具有权限的人员手签或采用数字签名。日期为记录表的复核日期,由复核人员手签或自动读取系统日期。

8.3 试验检测报告的编制功能

试验检测报告根据编制内容和格式特点分为检测类报告和综合评价类报告两类。

综合评价类报告宜采用Office、WPS等办公软件进行编制,形成一个独立、完整的报告文件,将报告文件上传至系统,通过系统进行报告的审核、批准和打印等操作,来实现综合评价类报告的信息化编制和管理。随着信息技术的发展,也可以定制相应的报告表格模板,通过输入或导入需要的数据内容,由系统自动生成完整的综合评价类报告文件。

检测类报告采用自动调取委托信息、试验检测数据、结果和手工编辑相结合的方式进行编制。在报告编制阶段,系统启用盲样管理后可以自动隐藏施工/委托单位、工程名称、委托编号、生产厂家、工程部位/用途、来源产地等信息,报告编制完成后自动显示,从而达到盲样管理的目的。编制内容如下:

(1)标题部分

①报告名称:自动生成。

②专用章:打印报告后人工盖章或采用数字签章。

③唯一性标识编码:自动生成。

④检测单位名称:自动调用系统内置的检测机构名称。

⑤报告编号:按预先设置的报告编号规则自动生成。

⑥页码:自动生成。

(2)基本信息部分

基本信息部分全部自动调取。

①施工/委托单位:根据系统预设单位名称自动显示或自动提取委托合同时填写的单位名称。

②工程名称:自动调取记录表的工程名称。

③工程部位/用途:自动调取记录表的工程部位/用途信息。

④样品信息:自动调取记录表的样品信息。
⑤检测依据:自动调取记录表的检测依据。
⑥判定依据:自动调取记录表的判定依据。
⑦主要仪器设备名称及编号:自动调取记录表的主要仪器设备名称及编号。

(3)检测对象属性部分

系统按照 JT/T 828—2019 规定,根据检测对象属性区内容不尽相同的特点,系统在设计过程中针对被检测对象及检测过程进行独立设计。该部分内容可根据检测对象具体情况手工录入。

针对被检测对象、检测过程中有关技术信息的详细描述,通过委托合同,对检测对象的属性进行信息录入,在报告编制过程中自动调用。

(4)检测数据部分

检测项目根据委托合同的检测项目自动加载或固定设置,技术指标根据选定的判定依据自动调取或手工录入,检测结果自动调取相关记录表的试验结果,依据技术指标自动或者人工判定试验检测结果为"符合""不符合""/"三种类型。

检测结论:系统支持初始化预设试验检测结论用语,报告编制人员可以根据试验检测结果进行判定或评定,并选择准确的试验检测结论。

(5)附加声明部分

系统内置需要的声明事项,自动调取。

(6)落款部分

检测、审核、批准由具有相应权限的人员手签或采用数字签名。日期为报告的批准日期,由批准人手签或自动读取系统日期。

8.4 试验检测工作信息管理功能

公路水运工程试验检测服务方式主要分为工地试验室和母体机构两种,在试验检测工作的信息管理功能方面存在一定差异。工地试验室与建设工程项目十分紧密,需要更多地体现对建设工程项目质量管理的支撑作用,要素和流程相对单一;母体机构更多为第三方委托服务,更加侧重于各类质量要素控制和工作流程的监管。系统分为工地试验室信息管理系统和检测机构信息管理系统。

8.4.1 工地试验室信息管理系统

按照工地试验室标准化建设的要求,系统主要功能如图8-7所示。

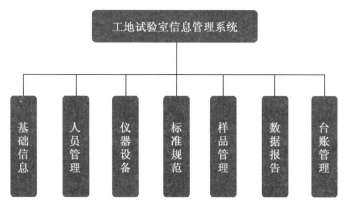

图 8-7 工地试验室信息管理系统主要功能

①基础信息:对工地试验室备案登记的综合情况、设立授权书等进行管理。
②人员管理:对工地试验室备案登记人员的基本信息、证书信息等进行管理。
③仪器设备:对工地试验室仪器设备的基本信息、检定校准等进行管理。
④标准规范:对工地试验室使用的标准、规范、规程等进行管理。

⑤样品管理:支持多种样品信息的登记,生成样品取样单;对水泥混凝土、砂浆、胶砂等试件进行养护室(箱)的出入信息登记,支持试件到期自动提醒;对需要留样的样品进行留样登记。

⑥数据报告:对检测完毕的样品进行原始记录的录入和检测报告的编制;对已经完成的报告进行归档管理;提供原始观测数据记录、试验检测记录表、试验检测报告的打印功能。

⑦台账管理:包括样品台账、报告台账、不合格报告台账、外委试验台账等。

8.4.2 检测机构信息管理系统

检测机构信息管理系统按照《公路水运工程试验检测等级管理要求》(JT/T 1181)中8.2的要求进行建设。系统主要功能如图8-8所示。

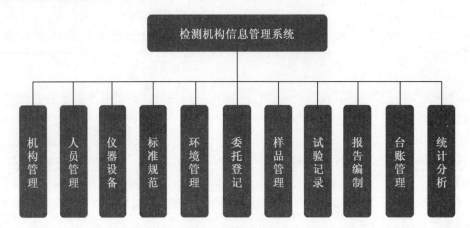

图8-8 检测机构信息管理系统主要功能

①机构管理:对检测机构的基本信息、部门信息以及功能室等进行管理。
②人员管理:对人员的基本信息、证书信息、继续教育、奖惩记录、信用评价等进行管理。
③仪器设备:对仪器设备的基本信息、检定校准以及使用记录等进行管理。
④标准规范:对采用的标准、规范、规程等进行管理。
⑤环境管理:对检测机构工作场所、功能室等的环境进行管理。
⑥委托登记:支持对委托/施工单位、样品信息、检测参数、检测依据、判定依据等委托信息的登记。按照预设的"编号规则"自动生成委托编号、任务编号、样品编号、记录编号、报告编号。
⑦样品管理:对样品的流转、留样、养护等信息进行管理,支持试件到期提醒。
⑧试验记录:对试验检测原始观测数据进行录入和自动计算、绘图、提示平行超差、判定。录入数据均可共享。
⑨报告编制:对试验检测报告进行编制、审核、批准、打印等。
⑩台账管理:对委托台账、样品台账、报告台账、不合格报告台账、设备台账、费用台账等台账的管理。
⑪统计分析:对检测机构人员、设备、样品、费用等数据进行对比分析。

8.4.3 检测机构试验检测工作流程(图8-9)

①委托单位送样或检测机构收样人员收取样品。
②收样人员在委托合同中填写委托/施工单位、样品信息、检测参数、检测依据、判定依据等委托信息。
③系统自动生成委托合同、样品标签、检测任务书、样品流转单、检测费用清单等。
④收样人员粘贴"样品标签",检测任务书分配给相应的试验检测人员。
⑤试验检测人员持对应样品的"样品流转单"到样品室领取样品,依据"检测任务书"开展试验检测工作。

8 数据报告的信息化管理

⑥在系统中录入原始观测数据,记录复核通过后,进行报告编制、审核、批准等操作。
⑦报告完成后通知委托单位领取或邮寄报告。

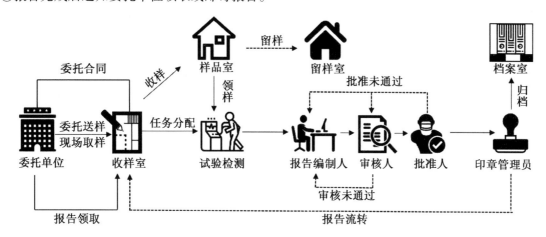

图 8-9　检测机构试验检测工作流程示意图

8.5　试验检测信息化新技术的应用

实现互联网+、大数据、云计算、物联网等技术的应用,为工程质量监督提供科学可靠的数据支撑。

(1)物联网应用

①试验检测仪器设备(图 8-10):对自动化程度较高的试验检测仪器设备进行数据采集。对采集的原始数据及试验影像进行存储。如:万能试验机、压力试验机、抗折抗压试验机等。

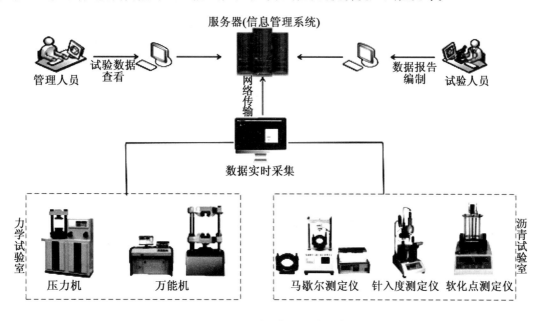

图 8-10　试验检测仪器设备示意图

②施工质量控制设备(图 8-11):对于工程施工现场的拌和站、张拉、压浆等影响工程质量的关键设备,进行数据自动采集、智能处理和分析。如:水泥混凝土拌和站、水稳拌和站、沥青混合料拌和站、智能张拉、压浆设备等。

③环境监控(图 8-12):对环境有较高要求的水泥室、养护室、档案室等功能室进行智能化环境监控。

④检测监测(图 8-13):对隧道监控量测、结构物无损检测、边坡监测、桥梁健康监测等现场检测监测数据实时采集传输,进行数据的分析预警,提供更加科学和完善的预测、养护方案。

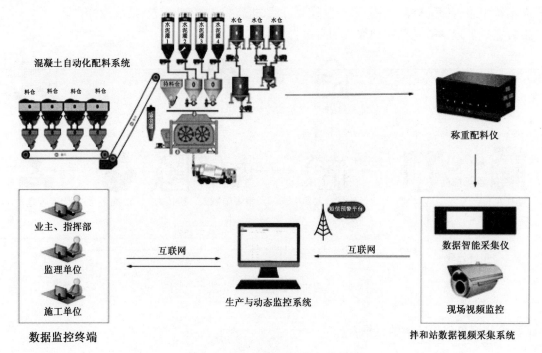

图 8-11 施工质量控制设备示意图

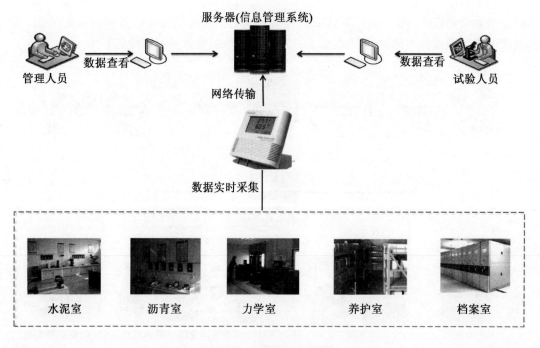

图 8-12 环境监控示意图

（2）二维码应用

①仪器设备（图8-14）：仪器设备管理卡设置二维码，可通过扫码查看设备基本信息、检定/校准等信息。

②委托合同（图8-15）：用户可通过扫描委托合同上的二维码查询样品检测进度，报告编制进度等情况。

③试验检测报告（图8-16）：试验检测报告上设置二维码，客户可通过扫码验证报告的真伪性。

④见证取样（图8-17）：在公路建设项目中，混凝土的质量直接影响结构物的强度和安全性，对混凝土的取样是否具有代表性和真实性就非常的关键，在混凝土取样过程中引入二维码技术能够做到取样时间、取样地点GPS定位、取样人员、见证人员等信息的过程监控。

8 数据报告的信息化管理

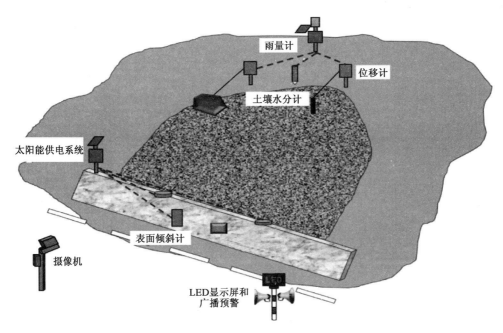

图8-13 检测监测示意图

图8-14 仪器设备管理卡

(3)数据报告电子化

①数字签名、签章:数字签名和签章的使用应符合《中华人民共和国电子签名法》(以下简称《电子签名法》)相关条款的规定。可靠的数字签名应符合《电子签名法》第十三条规定。数字签名需要第三方认证的,应符合《电子签名法》第十六条规定。

> **第十二条** 电子签名同时符合下列条件的,视为可靠的电子签名:
> (一)电子签名制作数据用于电子签名时,属于电子签名人专有;
> (二)签署时电子签名制作数据仅由电子签名人控制;
> (三)签署后对电子签名的任何改动能够被发现;
> (四)签署后对数据电文内容和形式的任何改动能够被发现。当事人也可以选择使用符合其约定的可靠条件的电子签名。
> **第十六条** 电子签名需要第三方认证的,由依法设立的电子认证服务提供者提供认证服务。

②电子归档:对采用数字签名和数字签章出具的试验检测报告,可作为电子版报告进行发放和归档。

第1页，共1页

委托合同

检验检测机构名称：××××试验检测中心　　　　　　　　　　　　　　　委托编号：WT-2018-0452

委托单位	××××建设集团有限责任公司××××高速公路第二合同段项目经理部		施工单位	××××建设集团有限责任公司××××高速公路第二合同段项目经理部	
工程名称	××××高速公路第二合同段		见证单位	××××高速公路第二总监办	
见证人	王奎		证书编号	—	
样品名称	热轧带肋钢筋		热轧带肋钢筋		—
工程部位/用途	桥梁工程		桥梁工程		—
样品编号	YP-2018-GJJ-0326		YP-2018-GJJ-0327		—
取样地点	第二合同段一工区		第二合同段一工区		—
取样/成型日期	—		—		—
样品数量	1根（1m/1根），2根（60cm/根）		1根（1m/1根），2根（60cm/根）		—
规格型号	HRB400E/ϕ25		HRB400E/ϕ20		—
批号	77-4-14933		18100422		—
代表数量	58.211t		42.142t		—
生产厂家	××××钢铁集团有限公司		××××钢铁集团有限责任公司		—
判定依据	GB/T 1499.2—2018		GB/T 1499.2—2018		—
试验依据	YB/T 5126—2003,GB/T 232—2010		YB/T 5126-2003,GB/T 232—2010		—
检测参数	弯曲性能，反向弯曲		弯曲性能，反向弯曲		—
样品描述	无锈蚀、无裂纹		无锈蚀、无裂纹		—
备注	—		—		—
检测性质	委托	样品来源		送样	
报告交付	自取	报告份数		3	
要求完成日期	—	样品处置		废弃	
委托评价	样品满足检测要求，能够在要求完成时间内完成检测项目。				
附加说明					
委托人		联系电话	180XXXXXXXX	委托日期	2018-11-23
收样人		联系电话	189XXXXXXXX	收样日期	2018-11-23

委托人确认签字：

图 8-15　委托合同

8 数据报告的信息化管理

第 1 页，共 1 页

水泥试验检测报告

BGLQ04001F

检测单位名称（专用章）：×××工地试验室　　　　报告编号：BG-LJ17-2018-SNJ-0011

施工/委托单位	×××路桥建设有限公司	工程名称	×××高速公路工程项目
工程部位/用途	×××右线特大桥桥梁工程		
样品信息	名称：普通硅酸盐水泥　编号：YP-LJ17-2018-SNJ-0011　描述：未受潮、无结块、无杂质		
检测依据	GB/T 1346—2011,GB/T 208—2014,GB/T 8074—2008,GB/T17671—1999	判定依据	GB 175—2007
主要仪器设备名称及编号	全自动比表面积测定仪(GL01040002)，电子分析天平(GL03010003)，电热鼓风恒温干燥箱（水泥、土工）(GL01010005)，标准恒温水浴(GL01040018)，李氏比重瓶(GL01020013)，0.9mm筛子(GL01040017)，电子天平(GL01040001-1)，雷氏夹测定仪(GL01040007)，标准恒温恒湿养护箱(GL01040010)，水泥净浆搅拌机(GL01040003)，水泥胶砂搅拌机(GL01040008)，电脑全自动恒应力压力抗折试验一体机(GL01040011)，维卡仪(GL01040005)，沸煮箱(GL01040006)，水泥胶砂振实台(GL01040009)		
取样日期	2018年11月26日	品种强度等级	P·O 42.5
代表数量	1 t	出厂编号	DD291118
生产厂家	×××水泥有限公司	取样地点	拌和站

序号	检测项目		技术指标	检测结果	结果判定
1	密度(g/cm^3)		—	3.14	—
2	比表面积(m^2/kg)		≥300	341	符合
3	标准稠度用水量(%)		—	27.0	—
4	初凝时间(min)		≥45	150	符合
	终凝时间(min)		≤600	210	符合
5	安定性(mm)		≤5.0	1.0	符合
6	抗折强度(MPa)	3天	≥3.5	5.0	符合
		28天	—	—	—
	抗压强度(MPa)	3天	≥17.0	28.5	符合
		28天	—	—	—
7	胶砂流动度(mm)		—	—	—
8	细度(%)		/	/	/

检测结论：经检测，该普通硅酸盐水泥样品密度为3.14g/cm^3，标准稠度用水量为27.0%，比表面积、凝结时间、安定性符合《通用硅酸盐水泥》(GB 175—2007)中P·O 42.5的技术要求。

附加声明：

检测：　　　　审核：　　　　批准：　　　　日期：　　年　月　日

图8-16　试验检测报告

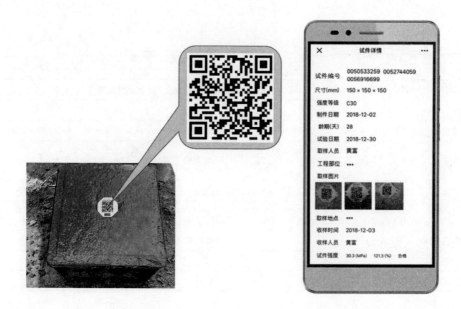

图 8-17　见证取样示意图

8.6　信息管理系统建设依据标准

在 RB/T 214—2017、ISO/IEC 17025:2017、JT/T 1181—2018 中,都明确要求检测机构对信息管理系统进行有效管理。

(1)在 RB/T 214—2017 中第 4.5.16 章节:

数据信息管理
检验检测机构应获得检验检测活动所需的数据和信息,并对其信息管理系统进行有效管理。
检验检测机构应对计算和数据转移进行系统和适当地检查。当利用计算机或自动化设备对检验检测数据进行采集、处理、记录、报告、存储或检索时,检验检测机构应:
a) 将自行开发的计算机软件形成文件,使用前确认其适用性,并进行定期确认、改变或升级后再次确认,应保留确认记录;
b) 建立和保持数据完整性、正确性和保密性的保护程序;
c) 定期维护计算机和自动设备,保持其功能正常。

(2)在 ISO/IEC 17025:2017 中第 7.11 章节:

数据控制和信息管理
7.11.1　实验室应获得开展实验室活动所需的数据和信息。
7.11.2　用于收集、处理、记录、报告、存储或检索数据的实验室信息管理系统,在投入使用前应进行功能确认,包括实验室信息管理系统中界面的适当运行。当对管理系统的任何变更,包括修改实验室软件配置或现成的商业化软件,在实施前应被批准、形成文件并确认。
注 1:本准则中"实验室信息管理系统"包括计算机化和非计算机化系统中的数据和信息管理。相比非计算机化的系统,有些要求更适用于计算机化的系统。
注 2:常用的现成商业化软件在其设计的应用范围内使用可视为已经过充分的确认。
7.11.3　实验室信息管理系统应:
a) 防止未经授权的访问;
b) 安全保护以防止篡改和丢失;

c) 在符合系统供应商或实验室规定的环境中运行,或对于非计算机化的系统,提供保护人工记录和转录准确性的条件;
d) 以确保数据和信息完整性的方式进行维护;
e) 包括记录系统失效和适当的紧急措施及纠正措施。

7.11.4 当实验室信息管理系统在异地或由外部供应商进行管理和维护时,实验室应确保系统的供应商或运营商符合本准则的所有适用要求。

7.11.5 实验室应确保员工易于获取与实验室信息管理系统相关的说明书、手册和参考数据。

7.11.6 应对计算和数据传送进行适当和系统地检查。

(3) 在 JT/T 1181—2018 中第 8.2 章节:

信息化建设与管理

8.2.1 试验检测信息化建设应当建立定义、标识、表示以及允许值等一系列属性描述的数据元。数据元编制规则、数据元值域引用代码编制规则应符合 JT/T 697.1 的规定。检测机构基础信息数据元定义示例参见附录 G。

8.2.2 试验检测信息化建设应形成一套完备的数据交换格式,以实现各类试验检测数据信息在多个计算机系统之间进行自由交换和自动处理:
a) 数据交换格式的制定应遵循面向实际物理对象、分层描述多层结构数据、减少数据冗余、避免用数字描述非数字信息等原则;
b) 数据交换格式应包括数据元名称、说明、数据格式、约束及要求等;
c) 检测机构基础信息数据交换格式示例参见附录 G。

8.2.3 试验检测信息化建设应注重数据的互联互通,避免数据无法共享、交换和协同的情况。试验检测工作各相关方建立的信息系统,应实现与有关试验检测行业管理平台的数据交换。信息共享与交换宜采用数据接口的形式,其数据接口协议应基于标准的互联网协议,支持超文本传输协议(HTTP)和简单对象访问协议(SOAP)。数据接口应支持跨平台、跨系统。

8.2.4 试验检测信息化建设应加强物联网、云计算、大数据分析等技术的应用,为工程质量监控提供科学可靠的数据支撑。宜采用条形码、数字签名等技术用于信息识别和过程控制;对于自动化程度较高的试验检测仪器设备以及工程施工现场的搅拌站、梁场等影响试验检测工作质量的关键部位,宜进行数据自动采集、智能处理和分析;对环境有较高要求的功能室、养护室,宜进行智能化环境监控。

8.2.5 检测机构应加强试验检测信息化建设,应采用试验检测信息管理系统实现全过程管理,以提升试验检测工作效率和管理水平。试验检测信息管理系统应具有以下功能:
a) 符合软件工程的基本要求,满足试验检测工作需要,且应至少包括机构管理、人员管理、设备管理、文件档案管理、环境管理、样品管理、检测项目管理、合同管理、客户管理、检测数据管理、统计分析、系统设置等功能模块;
b) 采用数据库管理系统,能方便地存储和查询管理数据,确保数据存储与传输安全、可靠;
c) 能自动进行升级更新,支持对现行的技术标准、规范自动更新和替代;
d) 具有设置多样化数据接口的功能,满足信息管理系统与外部设备采集系统的信息传输,支持与行业管理部门信息平台的数据对接和信息共享;
e) 能提供规范的记录、报告文件标准格式,按照现行有效的标准、规范对原始数据进行自动计算、绘图、数字修约、提示平行超差,正确地进行试验检测结果判定,并给出规范的检测结论建议;
f) 宜包括但不限于技术标准、试验检测参数、检测机构信息、检测人员信息、信用评价、仪器设备、检定校准、样品管理、试验检测数据报告、建设项目、工地试验室及现场检测项目、管理体系等数据交换格式,且能实现与有关检测行业管理平台的数据交换;
g) 能支持互联网访问,支持国内外主流的网页浏览器。

> 8.2.6 检测机构应加强试验检测信息管理系统的信息安全工作,建立信息安全管理制度和风险预防措施,保障信息系统的正常运行。试验检测信息管理系统宜符合《信息安全技术 信息系统安全等级保护基本要求》(GB/T 22239—2008)规定的第二级安全保护能力。

(4)在 GB/T 22239—2008 中第 6 章节:

第二级基本要求

第二级基本要求分为:技术要求和管理要求,其中技术要求包括:物理安全、网络安全、主机安全、应用安全、数据安全及备份恢复;管理要求包括:安全管理制度、安全管理机构、人员安全管理、系统建设管理、系统运维管理。

6.1.2 网络安全

6.1.2.1 结构安全(G2)

本项要求包括:

a) 应保证关键网络设备的业务处理能力具备冗余空间,满足业务高峰期需要;
b) 应保证接入网络和核心网络的带宽满足业务高峰期需要;
c) 应绘制与当前运行情况相符的网络拓扑结构图;
d) 应根据各部门的工作职能、重要性和所涉及信息的重要程度等因素,划分不同的子网或网段,并按照方便管理和控制的原则为各子网、网段分配地址段。

6.1.5 数据安全及备份恢复

6.1.5.1 数据完整性(S2)

应能够检测到鉴别信息和重要业务数据在传输过程中完整性受到破坏。

6.1.5.2 数据保密性(S2)

应采用加密或其他保护措施实现鉴别信息的存储保密性。

6.1.5.3 备份和恢复(A2)

本项要求包括:

a) 应能够对重要信息进行备份和恢复;
b) 应提供关键网络设备、通信线路和数据处理系统的硬件冗余,保证系统的可用性。

附录1 公路试验检测记录表及检测类报告应用实例

第1页,共1页

土击实试验检测记录表　　　　　　　　　　　　　　JGLQ01007

检测单位名称:×××检测中心　　　　　　　　记录编号:JL-2018-TGJ-0001

工程名称		×××高速公路建设项目								
工程部位/用途		K0+000~K1+000 路基填筑								
样品信息		样品名称:土(黏质土);样品编号:YP-2018-TGJ-0001;样品数量:50kg;样品状态:红棕色、潮湿;来样时间:2018年10月20日								
试验检测日期		2018年10月22日—2018年10月23日				试验条件		温度:25℃;湿度:66%RH		
检测依据		JTG E40—2007 T0131—2007				判定依据		—		
主要仪器设备名称及编号		电子天平(×××)、电子秤(×××)、多功能电动击实仪(×××)								
试样中>5mm 含量:　0　%			试验方法:　重型Ⅱ.2法			试筒容积:　2 177　cm³				
试验次数		1		2		3		4		5
筒质量(g)		4 725		4 725		4 725		4 725		4 725
筒+湿土质量(g)		8 843		9 088		9 380		9 385		9 315
湿密度(g/cm³)		1.892		2.004		2.138		2.141		2.108
含水率测定	盒号	1	2	3	4	5	6	7	8	9	10
	盒质量(g)	11.08	11.11	10.85	11.08	10.84	10.93	11.41	10.75	10.88	10.89
	盒+湿土质量(g)	35.30	40.49	48.52	39.38	41.72	42.06	43.09	47.09	34.47	35.39
	盒+干土质量(g)	33.87	38.76	45.48	37.06	38.50	38.81	39.12	42.53	31.03	31.79
	含水率(%)	6.3	6.3	8.8	8.9	11.6	11.7	14.3	14.3	17.1	17.2
		6.3		8.8		11.6		14.3		17.2	
干密度(g/cm³)		1.78		1.84		1.92		1.87		1.80
最大干密度(g/cm³)		1.92				最佳含水率(%)		11.9		
击实曲线		*(击实曲线图:横轴含水率(%)4~18,纵轴干密度(g/cm³)1.75~1.95,峰值约在含水率11.9%处干密度1.92)*								

附加声明:

检测:　　　　记录:　　　　复核:　　　　　　　　　　　日期:　　年　　月　　日

第1页,共1页

土击实试验检测报告

BGLQ01001F

检测单位名称(专用章):×××检测中心   报告编号:BG-2018-TGJ-0001

委托单位	×××建设集团有限公司	工程名称	×××高速公路建设项目
工程部位/用途	K0+000~K1+000 路基填筑		
样品信息	样品名称:土(黏质土);样品编号:YP-2018-TGJ-0001;样品数量:50kg;样品状态:红棕色、潮湿;来样时间:2018年10月20日		
检测依据	JTG E40—2007	判定依据	—
主要仪器设备名称及编号	电子天平(×××)、电子秤(×××)、多功能电动击实仪(×××)		
委托编号	WT-1800946	检测类别	委托检测
取样位置	K1+400 原地面以下50cm处	代表数量	—

来样中>5mm含量: 0 %   试验方法: 重型Ⅱ.2法   试筒容积: 2 177 cm³

试验次数	1	2	3	4	5
含水率(%)	6.3	8.8	11.6	14.3	17.2
干密度(g/cm³)	1.78	1.84	1.92	1.87	1.80
试验结果	最大干密度: 1.92 g/cm³ 最佳含水率: 11.9 %				

击实曲线

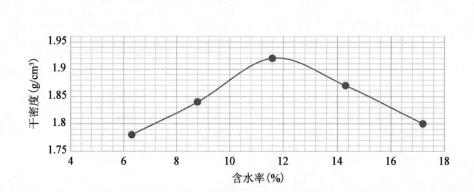

检测结论:经检测,该土样品的最大干密度为1.92g/cm³,最佳含水率为11.9%。

附加声明:报告无本单位"检测专用章"无效;报告签名不全无效;报告改动、换页无效;本样品由委托方提供,报告结果仅适用于接收到的样品。未经本单位批准,不得部分复制本报告;对本报告有异议,应于收到报告××个工作日内向本单位提出书面复议申请,逾期不予受理。

机构地址: 联系电话:

检测: 审核: 批准: 日期: 年   月   日

第1页,共1页

粗集料颗粒级配试验检测记录表(干筛法)

JGLQ02001a

检测单位名称:×××检测中心　　　　　　　　　　　　　　记录编号:JL-2018-CJL-0001

工程名称	×××至×××高速公路建设项目								
工程部位/用途	桥梁工程								
样品信息	样品名称:5~31.5mm碎石;样品编号:YP-2018-CJL-0001;样品数量:50kg;样品状态:颗粒状、灰色;来样时间:2018年10月20日								
试验检测日期	2018年10月22日				试验条件		—		
检测依据	JTG E42—2005				判定依据		JTG/T F50—2011		
主要仪器设备名称及编号	方孔集料标准筛(×××)、电子天平(×××)、电热恒温鼓风干燥箱(×××)								

第一组筛前总质量:4 605g				第二组筛前总质量:4 743g					
筛孔尺寸(mm)	各筛分计筛余质量(g)		分计筛余百分率(%)		累计筛余百分率(%)			技术要求	
	第一组	第二组	第一组	第二组	第一组	第二组	平均值	上限	下限
—	—	—	—	—	—	—	—	—	—
—	—	—	—	—	—	—	—	—	—
37.5	0	0	0.0	0.0	0	0	0	0	0
31.5	0	0	0.0	0.0	0	0	0	5	0
19.0	1 531	1 620	33.3	34.2	33.3	34.2	33.8	45	15
9.5	2 423	2 355	52.6	49.7	85.9	83.9	84.9	90	70
4.75	613	720	13.3	15.2	99.2	99.1	99.2	100	90
2.36	25	33	0.5	0.7	99.7	99.8	99.8	100	95
底	12	15	0.3	0.3	—	—	—	—	—

筛后质量损耗	第一组	筛分后总质量(g)	4 604	损耗(g)	1	损耗率(%)	0.02
	第二组	筛分后总质量(g)	4 743	损耗(g)	0	损耗率(%)	0.00

附加声明:

检测:　　　　记录:　　　　复核:　　　　　　　　　　　　　日期:　　年　月　日

第1页,共1页

粗集料颗粒级配试验检测报告(干筛法)

BGLQ02001F

检测单位名称(专用章):×××检测中心　　　报告编号:BG-2018-CJL-0001

委托单位	×××建设集团有限公司	工程名称	×××至×××高速公路建设项目
工程部位/用途	桥梁工程		
样品信息	样品名称:5~31.5mm碎石;样品编号:YP-2018-CJL-0001;样品数量:50kg;样品状态:颗粒状、灰色;来样时间:2018年10月20日		
检测依据	JTG E42—2005	判定依据	JTG/T F50—2011
主要仪器设备名称及编号	方孔集料标准筛(×××)、电子天平(×××)、电热恒温鼓风干燥箱(×××)		
委托编号	WT-1800946	检测类别	委托检测
取样地点	×××拌和站	生产厂家	×××砂石厂

筛分(干筛法)试验结果

筛孔尺寸(mm)	—	—	—	—	37.5	31.5	19	9.5	4.75	2.36
质量累计百分率(%)	—	—	—	—	0.0	0.0	33.8	84.9	99.2	99.8
上限	—	—	—	—	0	5	45	90	100	100
下限	—	—	—	—	0	0	15	70	90	95

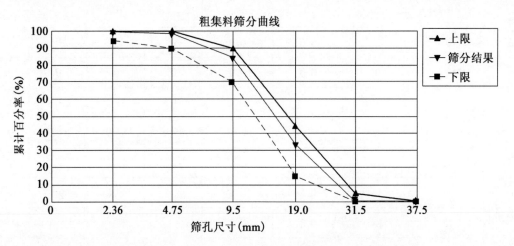

粗集料筛分曲线

检测结论:经检测,该碎石样品级配符合JTG/T F50—2011标准的技术要求。

附加声明:报告无本单位"检测专用章"无效;报告签名不全无效;报告改动、换页无效;本样品由委托方提供,报告结果仅适用于接收到的样品。未经本单位批准,不得部分复制本报告;若对本报告有异议,应于收到报告××个工作日内向本单位提出书面复议申请,逾期不予受理。

机构地址:　　　　　　　　　　　　　　　联系电话:

检测:　　　审核:　　　批准:　　　　　　　日期:　　年　　月　　日

第 1 页,共 1 页

岩石密度试验检测记录表(沸煮法)

JGLQO3003b

检测单位名称:×××检测中心　　　　　　　　　　　　　　记录编号:JL-2018-YSJ-0001

工程名称		×××至×××高速公路建设项目	
工程部位/用途		桥梁、涵洞工程	
样品信息		样品名称:玄武岩;样品编号:YP-2018-YSJ-0001;样品数量:1组;样品状态:无显著纹理、无裂纹;来样时间:2018年10月20日	
试验检测日期		2018年10月22日	试验条件	温度:21℃;相对湿度:70%
检测依据		JTG E41—2005	判定依据	—
主要仪器设备名称及编号		密度瓶(×××、×××)、电子天平(×××)、烘箱(×××)、恒温水浴(×××)	

	密度瓶编号	010	013
	密度瓶与试液的总质量(g)	298.542	298.367
	密度瓶、试液与岩粉的总质量(g)	308.469	308.267
	岩粉质量(g)	15.124	15.108
	试液温度(℃)	21.5	21.5
	水密度(g/cm³)	0.997 911 4	0.997 911 4
煤油密度	密度瓶质量(g)	—	—
	瓶与煤油的总质量(g)	—	—
	密度瓶与经排除气体的洁净水的总质量(g)	—	—
	经排除气体的洁净水密度(g/cm³)	—	—
	煤油密度(g/cm³)	—	—
	密度(g/cm³)	2.90	2.89
	平均密度(g/cm³)	2.90	

附加声明:试验采用洁净水,水密度根据其温度由JTG E41—2005附录查得。

检测:　　　　记录:　　　　复核:　　　　　　　　　　　　日期:　　年　月　日

第1页,共1页

岩石试验检测报告(一)

BGLQ03001F

检测单位名称(专用章):×××检测中心　　　报告编号:BG-2018-YSJ-0001

委托单位	×××建设集团有限公司	工程名称	×××至×××高速公路建设项目
工程部位/用途	桥梁工程		
样品信息	样品名称:玄武岩;样品编号:YP-2018-YSJ-0001;样品数量:1组;样品状态:无显著纹理、无裂纹;来样时间:2018年10月20日		
检测依据	JTG E41—2005	判定依据	—
主要仪器设备名称及编号	密度瓶(×××、×××)、电子天平(×××)、烘箱(×××)、恒温水浴(×××)		
委托编号	WT01809002	检测类别	委托检测
代表数量	—	取样地点	K0+400

序号	检测参数	技术要求	检测结果	结果判定
1	密度(g/cm³)	—	2.90	—
2	单轴抗压强度(MPa)	—	—	—
3	含水率(%)	—	—	—
	以下空白			

检测结论:经检测,该岩石样品的密度为2.90g/cm³。

附加声明:报告无本单位"检测专用章"无效;报告签名不全无效;报告改动、换页无效;本样品由委托方提供,报告结果仅适用于接收到的样品。未经本单位批准,不得部分复制本报告;若对本报告有异议,应于收到报告××个工作日内向本单位提出书面复议申请,逾期不予受理。

机构地址:　　　　　　　　　　　　　　联系电话:

检测:　　审核:　　批准:　　　　　　　日期:　年　月　日

附录1 公路试验检测记录表及检测类报告应用实例

第1页,共1页

JGLQ04003a
水泥标准稠度用水量(标准法)、凝结时间、安定性(标准法)试验检测记录表　JGLQ04004
JGLQ04005a

检测单位名称:×××检测中心　　　　　　　　　　　　　　　　　　　记录编号:JL-2018-SNJ-0001

工程名称	×××至×××高速公路建设项目			
工程部位/用途	桥梁、涵洞工程			
样品信息	样品名称:P.O 42.5R"×××"牌水泥;样品编号:YP-2018-SNJ-0001;样品数量:30kg;样品状态:未受潮、无结块;来样时间:2018年10月20日			
试验检测日期	2018年10月21日—2018年10月22日		试验条件	温度:20℃;相对湿度:70%
检测依据	GB/T 1346—2011		判定依据	GB 175—2007
主要仪器设备名称及编号	电子天平(×××)、水泥净浆搅拌机(×××)、标准法维卡仪(×××)、雷氏夹测定仪(×××)、沸煮箱(×××)、标准养护箱(×××)			

标准稠度用水量(标准法)				
试验次数	试样质量(g)	加水量(mL)	试杆下沉距底部距离(mm)	稠度用水量(%)
1	500.0	120	4	24.0
2	500.0	125	8	25.0
3	500.0	123	6	24.6
4	—	—	—	—
5	—	—	—	—
最终选定标准稠度用水量(%)				24.6

凝结时间							
加水时间14:40	初凝	测试时间	15:10	15:40	15:50	15:55	—
		试针沉入净浆距底板距离(mm)	11.0	8.5	6.0	4.5	—
	终凝	测试时间	18:15	18:30	18:37	—	—
		0.5mm环形附件是否有痕迹	有	有	无	—	—
		初凝:__75__ min　终凝:__237__ min					

安定性(标准法)				
试验次数	A(mm)	C(mm)	安定性C-A(mm)	安定性C-A(mm)
1	11.0	13.0	2.0	2.0
2	11.5	13.0	1.5	

附加声明:

检测:　　　　　　记录:　　　　　　复核:　　　　　　　　　　　　　　　日期:　　年　月　日

第1页,共1页

水泥标准稠度用水量(标准法)、凝结时间、安定性(标准法)试验检测报告　BGLQ04001F

检测单位名称(专用章):×××检测中心　　　　　　　　　　　　　报告编号:BG-2018-SNJ-0001

委托单位	×××建设集团有限公司	工程名称	×××至×××高速公路建设项目
工程部位/用途	桥梁、涵洞工程		
样品信息	样品名称:P·O 42.5R"×××"牌水泥;样品编号:YP-2018-SNJ-0001;样品数量:30kg;样品状态:未受潮、无结块;来样时间:2018年10月20日		
检测依据	GB/T 1346—2011	判定依据	GB 175—2007
主要仪器设备名称及编号	电子天平(×××)、水泥净浆搅拌机(×××)、标准法维卡仪(×××)、雷氏夹测定仪(×××)、沸煮箱(×××)、标准养护箱(×××)		
委托编号	HF1809002	检测类别	委托检测
取样地点	×××拌和站	规格型号	P·O 42.5R
生产厂家	×××水泥有限公司	出厂批号	×××

序号	检测参数	技术要求	检测结果	结果判定
1	标准稠度用水量(%)	—	24.6	—
2	初凝时间(min)	≥45	75	符合
3	终凝时间(min)	≤600	237	符合
4	安定性(mm)	≤5.0	2	符合
	以下空白			

检测结论:经检测,该水泥样品所检参数符合《通用硅酸盐水泥》(GB 175—2007)对P·O 42.5R水泥的技术要求。

附加声明:报告无本单位"检测专用章"无效;报告签名不全无效;报告改动、换页无效;本样品由委托方提供,报告结果仅适用于接收到的样品。未经本单位批准,不得部分复制本报告;若对本报告有异议,应于收到报告××个工作日内向本单位提出书面复议申请,逾期不予受理。

机构地址:　　　　　　　　　　　　　　　　　　　　联系电话:

检测:　　　　审核:　　　　批准:　　　　　　　　　　　　　　日期:　　年　　月　　日

附录1 公路试验检测记录表及检测类报告应用实例

第1页,共1页

水泥混凝土抗压强度试验检测记录表

JGLQ05005

检测单位名称:×××检测中心　　　　　　　　　　　　记录编号:JL-2018-TYH-0001

工程名称	×××至×××高速公路建设项目
工程部位/用途	×××大桥左幅2-1号墩柱
样品信息	样品名称:水泥混凝土试件;样品编号:YP-2018-TYH-0001;样品数量:1组;样品状态:表面平整、无蜂窝麻面、无缺损;来样时间:2018年10月18日
试验检测日期	2018年10月18日	试验条件	温度:18℃;相对湿度:76%
检测依据	JTG E30—2005	判定依据	设计文件
主要仪器设备名称及编号	压力试验机(×××)、游标卡尺(×××)		

试件编号	成型日期	强度等级	龄期(d)	试验日期	试件尺寸(mm×mm×mm)	极限荷载(kN)	抗压强度测值(MPa)	抗压强度平均值(MPa)	换算成标准试件抗压强度值(MPa)
YP-2018-TYH-0001-1	2018年09月20日	C30	28	2018年10月18日	150×150×150	813.50	36.2	36.7	36.7
YP-2018-TYH-0001-2					150×150×150	841.75	37.4		
YP-2018-TYH-0001-3					150×150×150	818.30	36.4		
—	—	—	—	—	—	—	—	—	—
						—	—		
						—	—		
—	—	—	—	—	—	—	—	—	—
						—	—		
						—	—		
—	—	—	—	—	—	—	—	—	—
						—	—		
						—	—		
—	—	—	—	—	—	—	—	—	—
						—	—		
						—	—		
—	—	—	—	—	—	—	—	—	—
						—	—		
						—	—		

附加声明:

检测:　　　　记录:　　　　复核:　　　　　　　　　日期:　　年　月　日

第1页,共1页

水泥混凝土抗压强度试验检测报告

BGLQ05001F

检测单位名称(专用章):×××检测中心　　　　报告编号:BG-2018-TYH-0001

委托单位	×××建设集团有限公司	工程名称	×××至×××高速公路建设项目
工程部位/用途		×××大桥左幅2-1号墩柱	
样品信息		样品名称:水泥混凝土试件;样品编号:YP-2018-TYH-0001;样品数量:1组;样品状态:表面平整、无蜂窝麻面、无缺损;来样时间:2018年10月18日	
检测依据	JTG E30—2005	判定依据	设计文件
主要仪器设备名称及编号		压力试验机(×××)、游标卡尺(×××)	
委托编号	WT-1800802	检测类别	委托检测
混凝土种类	普通混凝土	强度等级	C30
规格尺寸(mm×mm×mm)	150×150×150	养护条件	标准养护

试件编号	成型日期	龄期(d)	试验日期	技术要求(MPa)	检测结果(MPa)
YP-2018-TYH-0001-1 YP-2018-TYH-0001-2 YP-2018-TYH-0001-3	2018年09月20日	28	2018年10月18日	≥30	36.7
—	—	—	—	—	—
—	—	—	—	—	—
—	—	—	—	—	—
—	—	—	—	—	—

检测结论:经检测,该组混凝土试件28天抗压强度值达到设计要求。

附加声明:报告无本单位"检测专用章"无效;报告签名不全无效;报告改动、换页无效;本样品由委托方提供,报告结果仅适用于接收到的样品。未经本单位批准,不得部分复制本报告;若对本报告有异议,应于收到报告××个工作日内向本单位提出书面复议申请,逾期不予受理。

机构地址:　　　　　　　　　　　　　　联系电话:

检测:　　　审核:　　　批准:　　　　　　　　　　日期:　　年　　月　　日

附录1 公路试验检测记录表及检测类报告应用实例

第1页,共1页

JGLQ06001
JGLQ06005
JGLQ06006

水pH值、不溶物含量、可溶物含量试验检测记录表

检测单位名称:×××检测中心　　　　　　　　　　　　　　　记录编号:JL-2018-SYJ-0001

工程名称	×××至×××高速公路建设项目				
工程部位/用途	桥梁工程,钢筋混凝土拌和用				
样品信息	样品名称:×××河水;样品编号:YP-2018-SYJ-0001;样品数量:15L;样品状态:水样透明、无杂质;取样于K0+400河道;来样时间:2018年10月20日				
试验检测日期	2018年10月20日		试验条件	温度:20℃;相对湿度:60%	
检测依据	GB 6920—1986　GB 11901—1989 GB/T 5750.4—2006		判定依据	JGJ 63—2006	
主要仪器设备名称及编号	数字酸度计(×××)、箱式电阻炉(×××)、全玻璃微孔滤膜过滤器(×××)、电子天平(×××)				
pH值					
试验次数	测值			平均值	
1	6.6			6.6	
2	6.6				
不溶物含量					
试验次数	滤纸质量(g)	滤纸及不溶物质量(g)	水样体积(mL)	不溶物含量(mg/L)	平均值(mg/L)
1	0.236 7	0.26	100	233.0	230.5
2	0.284 9	0.307 7	100	228.0	
可溶物含量					
试验次数	蒸发皿质量(g)	蒸发皿及可溶物质量(g)	水样体积(mL)	可溶物含量(mg/L)	平均值(mg/L)
1	26.897 7	26.92	100	267.0	270.5
2	25.905 6	25.93	100	274.0	
附加声明:					

检测:　　　　　记录:　　　　　复核:　　　　　　　　　　　　日期:　　年　月　日

第1页,共1页

水 pH 值、不溶物含量、可溶物含量试验检测报告

BGLQ06001F

检测单位名称(专用章):×××检测中心　　　　　　　　报告编号:BG-2018-SYJ-0001

委托单位	×××建设集团有限公司	工程名称	×××至×××高速公路建设项目
工程部位/用途	桥梁工程,钢筋混凝土拌和用		
样品信息	样品名称:×××河水;样品编号:YP-2018-SYJ-0001;样品数量:15L;样品状态:水样透明、无杂质;来样时间:2018年10月20日		
检测依据	GB 6920—1986　GB 11901—1989　GB/T 5750.4—2006	判定依据	JGJ 63—2006
主要仪器设备名称及编号	数字酸度计(×××)、箱式电阻炉(×××)、全玻璃微孔滤膜过滤器(×××)、电子天平(×××)		
委托编号	WT-1800802	检测类别	委托检测
代表数量	—	取样地点	K0+400 河道

序号	检测参数	技术要求	检测结果	结果判定
1	pH 值	≥4.5	6.6	符合
2	不溶物含量(mg/L)	≤2 000	230.5	符合
3	可溶物含量(mg/L)	≤5 000	270.5	符合
	以下空白			

检测结论:该水样所检参数符合《混凝土用水标准》(JGJ 63—2006)中钢筋混凝土用水的技术要求。

附加声明:报告无本单位"检测专用章"无效;报告签名不全无效;报告改动、换页无效;本样品由委托方提供,报告结果仅适用于接收到的样品。未经本单位批准,不得部分复制本报告;若对本报告有异议,应于收到报告××个工作日内向本单位提出书面复议申请,逾期不予受理。

机构地址:　　　　　　　　　　　　　　　　联系电话:

检测:　　审核:　　批准:　　　　　　　　　　日期:　年　月　日

第1页,共1页
JGLQ07004
JGLQ07005

外加剂减水率、泌水率比试验检测记录表

检测单位名称:×××检测中心 记录编号:JL-2018-WJJ-0001

工程名称	×××高速公路建设项目		
工程部位/用途	桥梁、涵洞工程		
样品信息	样品名称:聚羧酸高性能减水剂;来样时间:2018年10月20日;样品编号:YP-2018-WJJ-0001;样品数量:4L;样品状态:液态、无沉淀物		
试验检测日期	2018年10月20日—2018年10月22日	试验条件	温度:20℃;相对湿度:70%
检测依据	GB 8076—2008	判定依据	GB 8076—2008
主要仪器设备名称及编号	水泥混凝土搅拌机(×××)、电子秤(×××)、电子天平(×××)、坍落度仪(×××)、量筒(×××、×××、×××、×××、×××、×××)		

试验配合比信息

材料名称	单位用量 (kg/m³)	拌和物20L用量 (kg)	材料信息
水泥	360	7.2	P·I型42.5强度等级硅酸盐基准水泥,批号××××
砂	828	16.56	II区中砂,产地:×××,批号××××
石	1 012	20.24	5mm~20mm碎石,产地:×××,批号××××

减水率试验记录　　坍落度控制值 210±10 (mm)

试验次数	基准混凝土 拌和物20L用水量(kg)	基准混凝土 单位用水量(kg/m³)	基准混凝土坍落度实测值(mm)	掺外加剂混凝土 拌和物20L用水量(kg)	掺外加剂混凝土 单位用水量(kg/m³)	掺外加剂混凝土坍落度实测值(mm)	减水率(%)	减水率平均值(%)
1	4.56	228	210	3.24	162	210	28.9	
2	4.56	228	220	3.24	162	210	28.9	29
3	4.56	228	210	3.24	162	200	28.9	

泌水率比试验记录

	试验次数	量筒质量 G_0(g)	量筒及试样质量 G_1(g)	试样质量 G_w(g)	拌和物的用水量 W(g)	拌和物的总质量 G(g)	泌水总质量 V_w(g)	泌水率(%)	泌水率平均值(%)	泌水率比(%)
基准水泥混凝土	1	957	10 020	9 063	6 840	73 500	98	11.7		
	2	960	10 099	9 139	6 840	73 500	101	11.8	11.8	
	3	947	10 000	9 053	6 840	73 500	100	11.9		
掺外加剂水泥混凝土	1	950	10 051	9 101	4 860	71 520	19	3.1		24
	2	957	10 059	9 102	4 860	71 520	16	2.6	2.9	
	3	941	10 070	9 129	4 860	71 520	18	2.9		

附加声明:外加剂掺量1.0%。

检测:　　　记录:　　　复核:　　　日期:　　年　月　日

第 1 页,共 1 页

外加剂减水率、泌水率比试验检测报告

BGLQ07001F

检测单位名称(专用章):×××检测中心　　　　　　　　　报告编号:BG-2018-WJJ-0001

委托单位	×××建设集团有限公司	工程名称	×××高速公路建设项目
工程部位/用途	桥梁、涵洞工程		
样品信息	样品名称:聚羧酸高性能减水剂;来样时间:2018年10月20日;样品编号:YP-2018-WJJ-0001;样品数量:4L;样品状态:液态、无沉淀物		
检测依据	GB 8076—2008	判定依据	GB 8076—2008
主要仪器设备名称及编号	水泥混凝土搅拌机(×××)、电子秤(×××)、电子天平(×××)、坍落度仪(×××)、量筒(×××、×××、×××、×××、×××、×××)		
委托编号	WT-1800802	检测类别	委托检测
生产批号	HF1809003	生产厂家	×××建材有限公司

序号	检测参数	技术要求	检测结果	结果判定
1	减水率(%)	≥25	29	符合
2	泌水率比(%)	≤70	24	符合
	以下空白			

检测结论:经检测,该聚羧酸高性能减水剂样品所检参数符合《混凝土外加剂》(GB 8076—2008)的技术要求。

附加声明:

外加剂掺量1.0%。

报告无本单位"检测专用章"无效;报告签名不全无效;报告改动、换页无效;本样品由委托方提供,报告结果仅适用于接收到的样品。未经本单位批准,不得部分复制本报告;若对本报告有异议,应于收到报告××个工作日内向本单位提出书面复议申请,逾期不予受理。

机构地址:　　　　　　　　　　　　　　　　　联系电话:

检测:　　　审核:　　　批准:　　　　　　　　　　　　　日期:　　年　　月　　日

掺和料烧失量试验检测记录表

第1页,共1页
JGLQ08006

检测单位名称:×××检测中心　　　　　　　　　　　　　　　　　记录编号:JL-2018-CHL-0001

工程名称	×××至×××高速公路建设项目		
工程部位/用途	混凝土		
样品信息	样品名称:粉煤灰(F类);样品编号:YP-2018-CHL-0001;样品数量:30kg;样品状态:灰白色、无杂质、未见结块;来样时间:2018年10月20日		
试验检测日期	2018年10月22日	试验条件	温度:20℃;相对湿度:70%
检测依据	GB/T 176—2017	判定依据	GB/T 1596—2017
主要仪器设备名称及编号	高温炉(×××)、电子分析天平(×××)		
试验次数	1		2
试样质量(g)	1.031 5		1.041 7
坩埚质量(g)	28.56		26.95
第1次灼烧后坩埚+试样质量(g)	29.559 5		27.952 7
第2次灼烧后坩埚+试样质量(g)	29.551 9		27.946 0
第3次灼烧后坩埚+试样质量(g)	29.548 8		27.944 0
第4次灼烧后坩埚+试样质量(g)	29.548 5		27.943 8
第5次灼烧后坩埚+试样质量(g)	—		—
烧失量(%)	4.6		4.7
灼烧前SO_3的质量分数(%)	—		—
灼烧后SO_3的质量分数(%)	—		—
灼烧过程中吸收氧的质量分数(%)	—		—
校正后烧失量(%)	—		—
平均值(%)	4.6		
附加声明:			

检测:　　　　记录:　　　　复核:　　　　　　　　　　　　　日期:　　年　月　日

第1页,共1页

掺和料烧失量试验检测报告

BGLQ08001F

检测单位名称(专用章):×××检测中心　　　　报告编号:BG-2018-CHL-0001

施工单位	×××建设集团有限公司	工程名称	×××至×××高速公路建设项目
工程部位/用途	混凝土		
样品信息	样品名称:粉煤灰(F类);样品编号:YP-2018-CHL-0001;样品数量:30kg;样品状态:灰白色、无杂质、未见结块;来样时间:2018年10月20日		
检测依据	GB/T 176—2008	判定依据	GB/T 1596—2017
主要仪器设备名称及编号	高温炉(×××),电子分析天平(×××)		
委托编号	WT-1800802	检测类别	委托检测
生产批号	201809170001	生产厂家	×××有限公司

序号	检测参数	技术要求	检测结果	结果判定
1	烧失量(%)	Ⅰ级≤5.0 Ⅱ级≤8.0 Ⅲ级≤10.0	4.6	符合Ⅰ级
		以下空白		

检测结论:经检测,该粉煤灰样品所检参数符合《用于水泥和混凝土中的粉煤灰》(GB/T 1596—2017)中Ⅰ级粉煤灰的技术要求。

附加声明:报告无本单位"检测专用章"无效;报告签名不全无效;报告改动、换页无效;本样品由委托方提供,报告结果仅适用于接收到的样品。未经本单位批准,不得部分复制本报告;若对本报告有异议,应于收到报告××个工作日内向本单位提出书面复议申请,逾期不予受理。

机构地址:　　　　　　　　　　　　　　联系电话:

检测:　　　审核:　　　批准:　　　　　　　　　　　　日期:　　年　　月　　日

附录1　公路试验检测记录表及检测类报告应用实例

无机结合料稳定材料无侧限抗压强度试验检测记录表

JGLQ09008

检测单位名称:×××检测中心　　　　　　　　　　　　　　　记录编号:JL-2018-WJL-0001

工程名称			×××至×××高速公路建设项目						
工程部位/用途			K0+000~K0+500基层						
样品信息			样品名称:水泥稳定碎石混合料;样品编号:YP-2018-WJL-0001;样品数量:100kg;样品状态:固体松散;来样时间:2018年10月11日;水泥剂量:5.1%;设计强度:3.5MPa						
试验检测日期			2018年10月11日—2018年10月18日		试验条件		—		
检测依据			JTG E51—2009		判定依据		设计文件		
主要仪器设备名称及编号			电子天平(×××)、路面材料强度仪(×××)						
试件数量(个)		13	试件直径(mm)	150	保证率(%)	90	保证率对应系数 Z_a		1.282
制件日期		2018年10月11日	试验日期		2018年10月18日		龄期(天)		7
试件编号	试件质量(g)			养生期间质量损失(g)	吸水量(g)	试件高度(mm)		破坏荷载(N)	破坏时含水率(%)	强度单值(MPa)
	养护前	浸水前	浸水后			养护前	浸水后			
1	6 379.8	6 372.0	6 438.4	7.8	66.4	150.4	150.5	85 000	6.18	4.8
2	6 390.3	6 389.1	6 461.6	1.2	72.5	150.9	151.0	72 000	6.28	4.1
3	6 373.5	6 372.4	6 428.4	1.1	56.0	150.4	150.5	87 200	5.97	5.0
4	6 380.5	6 377.3	6 432.1	3.2	54.8	150.8	150.6	81 000	5.89	4.6
5	6 382.4	6 381.1	6 432.8	1.3	51.7	150.6	150.8	73 200	5.83	4.2
6	6 396.9	6 392.9	6 464.2	4.0	71.3	150.9	151.0	79 200	6.40	4.5
7	6 392.3	6 389.3	6 449.7	3.0	60.4	150.7	150.7	70 200	6.26	4.0
8	6 383.8	6 376.8	6 447.6	7.0	70.8	150.2	150.0	93 200	6.22	5.3
9	6 380.2	6 375.6	6 431.2	4.6	55.6	150.3	150.3	97 200	6.03	5.5
10	6 377.3	6 373.1	6 425.6	4.2	52.5	150.3	150.1	75 600	5.92	4.3
11	6 385.5	6 378.1	6 450.0	7.4	71.9	151.0	150.9	78 000	6.14	4.4
12	6 379.8	6 374.6	6 440.4	5.2	65.8	150.3	150.3	80 000	6.22	4.6
13	6 393.2	6 386.8	6 436.7	6.4	49.9	150.3	150.3	94 400	6.04	5.4
单组评定	平均值 $\overline{R}_c$(MPa)		4.7	标准差 S(MPa)	0.499	变异系数 C_v(%)	10.6	最大值(MPa)		5.5
	最小值(MPa)		4.0	95%概率值 $R_{c0.95}$(MPa)	3.88	单组强度符合 $\overline{R}_c \geq R_d/(1-Z_a C_v)$ 的要求				

附加声明:试件由检测机构成型,根据委托方要求,试件按最大干密度2.34g/cm³,压实度97%和含水率5.2%计算成型。

检测:　　　　记录:　　　　复核:　　　　　　　　　　　　　　　日期:　　年　月　日

第1页,共1页

无机结合料稳定材料无侧限抗压强度试验检测报告

BGLQ09003F

检测单位名称(专用章):×××检测中心　　　　　　报告编号:BG-2018-WJL-0001

委托单位	×××建设集团有限公司	工程名称	×××至×××高速公路建设项目
工程部位/用途	K0+000～K0+500 基层		
样品信息	样品名称:水泥稳定碎石混合料;样品编号:YP-2018-WJL-0001;样品数量:100kg;样品状态:固体松散;来样时间:2018年10月11日;水泥剂量:5.1%;设计强度:3.5MPa		
检测依据	JTG E51—2009	判定依据	设计文件
主要仪器设备名称及编号	电子天平(×××)、路面材料强度仪(×××)		
委托编号	WT-1800802	检测类别	委托检测

试件数量(个)	13	试件直径(mm)	150	保证率(%)	90	保证率对应系数 Z_a	1.282
制件日期	2018年10月11日	试验日期	2018年10月18日		龄期(天)		7

试件编号	1	2	3	4	5	6	7	8	9	10	11	12	13
强度(MPa)	4.8	4.1	5.0	4.6	4.2	4.5	4.0	5.3	5.5	4.3	4.4	4.6	5.4

单组评定	平均值(MPa)	4.7	标准差 S (MPa)	0.499	变异系数 C_v(%)	10.6
	最大值(MPa)	5.5	最小值(MPa)	4.0	95%概率值 $R_{c0.95}$(MPa)	3.88
	单组强度符合 $\overline{R}_c \geq R_d/(1-Z_aC_v)$ 的要求					

检测结论:经检测,该水泥稳定碎石混合料样品7天无侧限抗压强度符合设计文件要求。

附加声明:试件由检测机构成型;报告无本单位"检测专用章"无效;报告签名不全无效;报告改动、换页无效;本样品由委托方提供,报告结果仅适用于接收到的样品。未经本单位批准,不得部分复制本报告;若对本报告有异议,应于收到报告××个工作日内向本单位提出书面复议申请,逾期不予受理。

机构地址:　　　　　　　　　　　　联系电话:

检测:　　　审核:　　　批准:　　　　　　　　日期:　　年　　月　　日

乳化沥青蒸发残留物含量、筛上剩余量试验检测记录表

JGLQ10015
JGLQ10016

检测单位名称：×××检测中心　　　　　　　　　　　　　　　记录编号：JL-2018-LQJ-0001

工程名称	×××至×××高速公路建设项目		
工程部位/用途	路面工程,透层		
样品信息	样品名称:PA-2阴离子乳化沥青;样品编号:YP-2018-LQJ-0001;样品数量:3L;样品状态:黑褐色、桶装、液体、无杂质;来样时间:2018年10月10日		
试验检测日期	2018年10月11日	试验条件	温度:16℃;相对湿度:68%
检测依据	JTG E20—2011	判定依据	JTG F40—2004
主要仪器设备名称及编号	电子天平(×××)、滤筛(1.18mm)(×××)		

蒸发残留物含量

试验次数	容器+玻棒质量(g)	容器+玻棒+乳液质量(g)	容器+玻棒+残留物质量(g)	蒸发残留物含量(%)	平均值(%)
1	266	566	424	52.7	52.8
2	264	564	423	53.0	

筛上剩余量

试验次数	筛孔(mm)	试样质量(g)	滤筛+盘质量(g)	滤筛+盘+余物质量(g)	筛上残留物含量(%)	平均值(%)
1	1.18	500.2	453.0	453.4	0.08	0.07
2		500.0	447.2	447.5	0.06	

附加声明：

检测：　　　　记录：　　　　复核：　　　　　　　　　　　　日期：　　年　月　日

第1页,共1页

乳化沥青蒸发残留物含量、筛上剩余量试验检测报告

BGLQ1000-1F

检测单位名称(专用章):×××检测中心　　　报告编号:BG-2018-LQJ-0001

委托单位	×××建设集团有限公司	工程名称	×××至×××高速公路建设项目
工程部位/用途		路面工程,透层	
样品信息	样品名称:PA-2阴离子乳化沥青;样品编号:YP-2018-LQJ-0001;样品数量:3L;样品状态:黑褐色、桶装、液体、无杂质;来样时间:2018年10月10日		
检测依据	JTG E20—2011	判定依据	JTG F40—2004
主要仪器设备名称及编号	电子天平(×××)、滤筛(1.18mm)(×××)		
委托编号	WT-1800802	检测类别	委托检测
代表数量	—	取样地点	K0+400

序号	检测参数	技术要求	检测结果	结果判定
1	蒸发残留物含量(%)	不小于50	52.8	符合
2	筛上剩余量1.18mm(%)	不大于0.1	0.07	符合

以下空白

检测结论:经检测,该乳化沥青样品所检参数符合《公路沥青路面施工技术规范》(JTG F40—2004)的技术要求。

附加声明:报告无本单位"检测专用章"无效;报告签名不全无效;报告改动、换页无效;本样品由委托方提供,报告结果仅适用于接收到的样品。未经本单位批准,不得部分复制本报告;若对本报告有异议,应于收到报告××个工作日内向本单位提出书面复议申请,逾期不予受理。

机构地址:　　　　　　　　　　　　　　　联系电话:

检测:　　　审核:　　　批准:　　　　　　日期:　　年　　月　　日

附录1 公路试验检测记录表及检测类报告应用实例

第1页,共1页

沥青混合料马歇尔稳定度、流值试验检测记录表

JGLQ11003

检测单位名称:×××检测中心　　　　　　　　　　　　　　　记录编号:JL-2018-LQL-0001

工程名称	×××至×××高速公路建设项目						
工程部位/用途	沥青混凝土路面上面层						
样品信息	样品名称:AC-13C改性沥青混合料;样品编号:YP-2018-LQL-0001;样品数量:50kg;样品状态:黑色、无花白料;来样时间:2018年10月20日						
试验检测日期	2018年10月20日—2018年10月23日		试验条件		温度:20℃;相对湿度:70%		
检测依据	JTG E20—2011		判定依据		JTG F40—2004		
主要仪器设备名称及编号	马歇尔稳定度试验仪(×××)、恒温水浴(×××)						
试件分样号	1	2	3	4	5	6	试验结果
稳定度(kN)	10.03	11.28	10.45	10.97	—	—	10.68
流值原点修正(mm)	0.0	0.0	0.0	0.0	—	—	—
(修正后)流值(mm)	2.99	2.74	2.58	2.69	—	—	2.75
马歇尔模数(kN/mm)	3.35	4.12	4.05	4.08	—	—	3.88
以下空白							

附加声明:

检测:　　　　记录:　　　　复核:　　　　　　　　　　　　日期:　　年　月　日

沥青混合料试验检测报告(一)

第1页,共1页
BGLQ11001F

检测单位名称(专用章):×××检测中心　　　　报告编号:BG-2018-LQL-0001

委托单位	×××建设集团有限公司	工程名称	×××至×××高速公路建设项目
工程部位/用途	沥青混凝土路面上面层		
样品信息	样品名称:AC-13C改性沥青混合料;样品编号:YP-2018-LQL-0001;样品数量:50kg;样品状态:黑色、无花白料;来样时间:2018年10月20日		
检测依据	JTG E20—2011	判定依据	JTG F40—2004
主要仪器设备名称及编号	马歇尔稳定度试验仪(×××)、恒温水浴(×××)		
委托编号	WT-1800802	检测类别	委托检测
沥青混合料类型	AC-13C	级配类型	密级配

序号	检测参数	技术要求	检测结果	结果判定
1	毛体积相对密度	—	—	—
2	空隙率VV(%)	—	—	—
3	矿料间隙率VMA(%)	—	—	—
4	沥青饱和度VFA(%)	—	—	—
5	稳定度MS(kN)	不小于8	10.68	符合
6	流值FL(mm)	2.0~4.0	2.75	符合
7	马歇尔模数(kN/mm)	—	3.88	—

检测结论:经检测,该沥青混合料样品所检参数符合《公路沥青路面施工技术规范》(JTG F40—2004)中AC-13C标准的要求。

附加声明:报告无本单位"检测专用章"无效;报告签名不全无效;报告改动、换页无效;本样品由委托方提供,报告结果仅适用于接收到的样品。未经本单位批准,不得部分复制本报告;若对本报告有异议,应于收到报告××个工作日内向本单位提出书面复议申请,逾期不予受理。

机构地址:　　　　　　　　　　　　　　　联系电话:

检测:　　　审核:　　　批准:　　　　　　　　　日期:　　年　月　日

附录1 公路试验检测记录表及检测类报告应用实例

第1页,共1页
JGLQ12004
JGLQ12005

土工合成材料拉伸强度、延伸率试验检测记录表

检测单位名称:×××检测中心 记录编号:JL-2018-TGB-0001

工程名称	×××至×××高速公路建设项目		
工程部位/用途	路基工程		
样品信息	样品名称:双向粘焊土工格栅(GSZ80kN-80kN);样品编号:YP-2018-TGB-0001;样品数量:4m²;样品状态:黑色、无折痕;来样时间:2018年10月20日		
试验检测日期	2018年10月20日—2018年10月23日	试验条件	温度:22℃;相对湿度:65%
检测依据	JTG E50—2006	判定依据	JT/T 480—2002
主要仪器设备名称及编号	微机控制电子万能试验机(×××)、钢卷尺(×××)		

纵向拉伸

试样编号	试样的名义宽度(m)	试样的拉伸单元数 N_m (1m内)	试样的拉伸单元数 N_s (试样内)	名义夹持长度(mm)	预负荷伸长量(mm)	最大负荷(kN)	最大负荷下伸长量(mm)	每延米极限抗拉强度(kN/m)	标称抗拉强度下伸长率(%)
1	—	8	2	205	0.9	20.70	20.6	82.8	10.0
2	—	8	2	204	0.6	21.10	20.6	84.4	10.1
3	—	8	2	206	0.8	20.10	20.2	80.4	9.8
4	—	8	2	205	0.8	20.80	20.5	83.2	10.0
5	—	8	2	200	0.8	20.10	20.8	80.4	10.4

每延米极限抗拉强度:平均值:82.2,标准差:1.780,变异系数:2.2%
标称抗拉强度下伸长率:平均值:10.0,标准差:0.216,变异系数:2.2%

横向拉伸

试样编号	试样的名义宽度(m)	试样的拉伸单元数 N_m (1m内)	试样的拉伸单元数 N_s (试样内)	名义夹持长度(mm)	预负荷伸长量(mm)	最大负荷(kN)	最大负荷下伸长量(mm)	每延米极限抗拉强度(kN/m)	标称抗拉强度下伸长率(%)
1	—	8	2	173	0.4	20.35	18.9	81.4	10.9
2	—	8	2	178	0.6	20.59	18.5	82.4	10.4
3	—	8	2	175	0.6	20.93	18.2	83.7	10.4
4	—	8	2	179	0.4	21.37	18.0	85.5	10.0
5	—	8	2	175	0.3	21.14	18.2	84.6	10.4

每延米极限抗拉强度:平均值:83.5,标准差:1.643,变异系数:2.0%
标称抗拉强度下伸长率:平均值:10.4,标准差:0.312,变异系数:3.0%

附加声明:

检测:　　　　记录:　　　　复核:　　　　　　　　　　日期:　　年　　月　　日

第1页,共1页

土工合成材料试验检测报告(一)

BGLQ12001F

检测单位名称(专用章):×××检测中心　　　　　报告编号:BG-2018-TGB-0001

委托单位	×××建设集团有限公司	工程名称	×××至×××高速公路建设项目
工程部位/用途		路基工程	
样品信息	样品名称:双向黏焊土工格栅 GSZ80kN-80kN;样品编号:YP-2018-TGB-0001;样品数量:4m²;样品状态:黑色、无折痕;来样时间:2018年10月20日		
检测依据	JTG E50—2006	判定依据	JT/T 480—2002
主要仪器设备名称及编号	计算机控制电子万能试验机(×××)、钢卷尺(×××)		
委托编号	WT-1800802	检测类别	委托检测
代表数量	1 000m²	取样地点	工地现场

序号	检测参数	技术要求	检测结果		结果判定
1	每延米极限抗拉强度(kN/m)	≥80	纵向	82.2(σ:1.780,C_v:2.2%)	符合
			横向	83.5(σ:1.643,C_v:2.0%)	符合
2	标称抗拉强度下的伸长率(%)	≤13	纵向	10.0(σ:0.216,C_v:2.2%)	符合
			横向	10.4(σ:0.312,C_v:3.0%)	符合
3	2%伸长率时的拉伸力(kN/m)	—	纵向	—	—
			横向	—	—
4	5%伸长率时的拉伸力(kN/m)	—	纵向	—	—
			横向	—	—
5	粘、焊点极限剥离力(N)	—	纵向	—	—
			横向	—	—

检测结论:经检测,该双向粘焊土工格栅样品所检参数符合《交通工程土工合成材料 土工格栅》(JT/T 480—2002)的技术要求。

附加声明:报告无本单位"检测专用章"无效;报告签名不全无效;报告改动、换页无效;本样品由委托方提供,报告结果仅适用于接收到的样品。未经本单位批准,不得部分复制本报告;若对本报告有异议,应于收到报告××个工作日内向本单位提出书面复议申请,逾期不予受理。

机构地址:　　　　　　　　　　　　　　　联系电话:

检测:　　　审核:　　　批准:　　　　　　　　　　　　日期:　　年　　月　　日

附录1 公路试验检测记录表及检测类报告应用实例

第1页,共1页

JGLQ13003
JGLQ13006
JGLQ13007

压浆材料流动度、泌水率、自由膨胀率试验检测记录表

检测单位名称:×××检测中心　　　　　　　　　　　　　　记录编号:JL-2018-LQL-0001

工程名称	×××至×××高速公路建设项目
工程部位/用途	桥梁工程
样品信息	样品名称:预应力孔道压浆料;样品编号:YP-2018-LQL-0001;样品数量:30kg;样品状态:粉状、未受潮、无结块;取样时间:2018年10月25日

试验检测日期	2018年10月25日— 2018年10月26日	试验条件	温度:20℃;相对湿度:66%
检测依据	JTG/T F50—2011	判定依据	JTG/T F50—2011
主要仪器设备名称及编号	电子天平(×××)、水泥压浆搅拌机(×××)、维卡仪(×××)		

流动度

试验次数	压浆料(g)	基准水泥(g)	压浆剂(g)	加水量(g)	水胶比	加水时间	初始流动度(s)	30min流动度(s)	60min流动度(s)
1	3 000	—	—	840	0.28	08:12	15.34	18.61	24.05
2	3 000	—	—	840	0.28	08:34	15.52	18.77	24.22
平均值							15.43	18.69	24.14

自由膨胀率、泌水率

试验次数	浆液初始高度 a_1(mm)	3h后浆液膨胀面高度 a_3(mm)	24h后浆液膨胀面高度 a_3(mm)	24h后浆液离析水水面高度 a_2(mm)	3h自由膨胀率(%)	24h自由膨胀率(%)	24h自由泌水率(%)
1	100.0	100.2	100.5	100.5	0.2	0.5	0.0
2	100.0	100.1	100.4	100.4	0.1	0.4	0.0
平均值					0.2	0.4	0.0

附加声明:

检测:　　　　　记录:　　　　　复核:　　　　　　　　　　　　日期:　　年　月　日

第 1 页,共 1 页

压浆材料流动度、泌水率、自由膨胀率试验检测报告

BGLQ13001F

检测单位名称(专用章):×××检测中心　　　　报告编号:BG-2018-LQL-0001

委托单位	×××建设集团有限公司	工程名称	×××至×××高速公路建设项目
工程部位/用途		桥梁工程	
样品信息	样品名称:预应力孔道压浆料;样品编号:YP-2018-LQL-0001;样品数量:30kg;样品状态:粉状、未受潮、无结块;来样时间:2018年10月25日		
检测依据	JTG/T F50—2011	判定依据	JTG/T F50—2011
主要仪器设备名称及编号	电子天平(×××)、水泥压浆搅拌机(×××)、维卡仪(×××)		
委托编号	WT-1800802	检测类别	委托检测
代表数量	—	取样地点	工地拌和站

序号	检测参数	技术要求	检测结果	结果判定
1	初始流动度(s)	10~17	15.43	符合
2	30min 流动度(s)	10~20	18.69	符合
3	60min 流动度(s)	10~25	24.14	符合
4	3h 自由膨胀率(%)	0~2	0.4	符合
5	24h 自由膨胀率(%)	0~3	1.4	符合
6	24h 自由泌水率(%)	0	0	符合

检测结论:经检测,该压浆料样品所检参数符合《公路桥涵施工技术规范》(JTG/T F50—2011)的技术要求。

附加声明:报告无本单位"检测专用章"无效;报告签名不全无效;报告改动、换页无效;本样品由委托方提供,报告结果仅适用于接收到的样品。未经本单位批准,不得部分复制本报告;若对本报告有异议,应于收到报告××个工作日内向本单位提出书面复议申请,逾期不予受理。

机构地址:　　　　　　　　　　　　　　　　联系电话:

检测:　　　　审核:　　　　批准:　　　　　　　　　　　　　　日期:　　年　　月　　日

第1页,共1页

防水卷材抗静态荷载试验检测记录表

JGLQ14034

检测单位名称:×××检测中心　　　　　　　　　　　　记录编号:JL-2018-FSJ-0001

工程名称	×××至×××高速公路建设项目			
工程部位/用途	涵洞工程			
样品信息	样品名称:聚氯乙烯PVC防水卷材(P类);样品编号:YP-2018-FSJ-0001;样品数量:1卷;样品状态:卷材表面平整、边缘整齐;来样时间:2018年10月20日			
试验检测日期	2018年10月20日—2018年10月23日	试验条件	温度:21℃;相对湿度:62%	
检测依据	GB/T 328.25—2007	判定依据	GB 12952—2011	
主要仪器设备名称及编号	抗静态荷载试验仪(×××)			

抗静态荷载A方法

加压荷载	试验现象			检测结果
	试样1	试样2	试样3	
20kg	无穿孔、不渗水	无穿孔、不渗水	无穿孔、不渗水	试样均不渗水
kg	—	—	—	—
kg	—	—	—	—
kg	—	—	—	—
以下空白				

附加声明:

检测:　　　　　记录:　　　　　复核:　　　　　　　　　　日期:　　年　月　日

防水卷材抗静态荷载试验检测报告

第1页,共1页
BGLQ14001F

检测单位名称(专用章):×××检测中心　　　　　报告编号:BG-2018-FSJ-0001

委托单位	×××建设集团有限公司	工程名称	×××至×××高速公路建设项目
工程部位/用途		涵洞工程	
样品信息		样品名称:聚氯乙烯PVC防水卷材(P类);样品编号:YP-2018-FSJ-0001;样品数量:1卷;样品状态:卷材表面平整、边缘整齐;来样时间:2018年10月20日	
检测依据	GB/T 328.25—2007	判定依据	GB 12952—2011
主要仪器设备名称及编号		抗静态荷载试验仪(×××)	
委托编号	WT-1800802	检测类别	委托检测
代表数量	—	取样地点	K0+400

序号	检测参数	技术要求	检测结果	结果判定
1	抗静态荷载(20kg)	不渗水	试样均不渗水	符合

以下空白

检测结论:经检测,该防水卷材样品抗静态荷载符合《聚氯乙烯(PVC)防水卷材》(GB 12952—2011)的技术要求。

附加声明:报告无本单位"检测专用章"无效;报告签名不全无效;报告改动、换页无效;本样品由委托方提供,报告结果仅适用于接收到的样品。未经本单位批准,不得部分复制本报告;若对本报告有异议,应于收到报告××个工作日内向本单位提出书面复议申请,逾期不予受理。

机构地址:　　　　　　　　　　　　　　　　联系电话:

检测:　　　审核:　　　批准:　　　　　　　　　日期:　　年　月　日

附录1 公路试验检测记录表及检测类报告应用实例

第1页,共1页

JGLQ15003
JGLQ15004
JGLQ15005

钢材抗拉强度、屈服强度、断后伸长率试验检测记录表

检测单位名称:×××检测中心 记录编号:JL-2018-GJJ-0001

工程名称	×××至×××高速公路建设项目								
工程部位/用途	桥涵工程								
样品信息	样品名称:直径25mm HRB400E 热轧带肋钢筋;样品编号:YP-2018-GJJ-0001;样品数量:2根;样品状态:表面无锈蚀;来样时间:2018年09月03日								
试验检测日期	2018年09月04日			试验条件		温度:26℃;相对湿度:54%			
检测依据	GB/T 1499.2—2018 GB/T 28900—2012			判定依据		GB/T 1499.2—2018			
主要仪器设备名称及编号	微机屏显式液压万能试验机(×××)、电动钢筋标距仪(×××)								

	试件编号	1	2	—	—	—	—	—	—
	牌号	HRB400E		—	—	—	—	—	—
试件尺寸	公称直径(mm)	25		—	—	—	—	—	—
	公称截面积(mm²)	490.9		—	—	—	—	—	—
屈服强度	屈服荷载(N)	217 440	216 340	—	—	—	—	—	—
	屈服强度 R_{eL}(MPa)	445	440	—	—	—	—	—	—
抗拉强度	最大力 F_m(N)	295 230	294 510	—	—	—	—	—	—
	抗拉强度 R_m(MPa)	600	600	—	—	—	—	—	—
断后伸长率	原始标距 L_0(mm)	125	125	—	—	—	—	—	—
	断后标距 L_u(mm)	155.25	156.50	—	—	—	—	—	—
	断后伸长率 A(%)	24	25	—	—	—	—	—	—

附加声明:

检测:　　　记录:　　　复核:　　　　　　　　　日期:　　年　月　日

第1页,共1页

钢材抗拉强度、屈服强度、断后伸长率试验检测报告

BGLQ15001F

检测单位名称(专用章):×××检测中心　　　　　　　报告编号:BG-2018-GJJ-0001

委托单位	×××建设集团有限公司	工程名称	×××至×××高速公路建设项目
工程部位/用途		桥涵工程	
样品信息	样品名称:直径25mm HRB400E 热轧带肋钢筋;样品编号:YP-2018-GJJ-0001;样品数量:2根;样品状态:表面无锈蚀;来样时间:2018年09月03日		
检测依据	GB/T 1499.2—2018 GB/T 28900—2012	判定依据	GB/T 1499.2—2018
主要仪器设备名称及编号	微机屏显式液压万能试验机(×××)、电动钢筋标距仪(×××)		
委托编号	WT-1800802	检测类别	委托检测
取样地点	钢筋加工场	生产厂家	×××有限公司
牌号	HRB400E	批号	×××有限公司

序号	检测参数	技术要求	检测结果				结果判定
			1	2	—	—	
1	屈服强度 R_{eL}(MPa)	≥400	445	440	—	—	符合
2	抗拉强度 R_m(MPa)	≥540	600	600	—	—	符合
3	断后伸长率 A(%)	≥16	24	25	—	—	符合
		以下空白					

检测结论:经检测,该钢筋样品所检参数符合《钢筋混凝土用钢 第2部分:热轧带肋钢筋》(GB/T 1499.2—2018)的技术要求。

附加声明:报告无本单位"检测专用章"无效;报告签名不全无效;报告改动、换页无效;本样品由委托方提供,报告结果仅适用于接收到的样品。未经本单位批准,不得部分复制本报告;若对本报告有异议,应于收到报告××个工作日内向本单位提出书面复议申请,逾期不予受理。

机构地址:　　　　　　　　　　　　　　　　　　联系电话:

检测:　　　　审核:　　　　批准:　　　　　　　　　　日期:　　年　　月　　日

第1页,共1页

锚具硬度试验检测记录表(洛氏法)

JGLQ16007a

检测单位名称:×××检测中心   记录编号:JL-2018-MJJ-0001

工程名称		×××至×××高速公路建设项目							
工程部位/用途		桥梁工程							
样品信息		样品名称:锚具YJM15-11P;样品编号:YP-2018-MJJ-0001;样品数量:1个;样品状态:表面无锈蚀;来样时间:2018年10月20日							
试验检测日期		2018年10月21日			试验条件		温度:20℃;相对湿度:70%		
检测依据		GB/T 230.1—2009			判定依据		设计文件		
主要仪器设备名称及编号		洛氏硬度计(数显)(×××)							
试样编号	样品名称	硬度符号(标尺)	硬度计读数(HR)			修正值(HR)	洛氏硬度(HR)		
			1	2	3		1	2	3
1	锚具YJM15-11P	HRC	18.2	16.0	17.2	—	18.2	16.0	17.2
—	—	—	—	—	—	—	—	—	—
—	—	—	—	—	—	—	—	—	—
—	—	—	—	—	—	—	—	—	—
—	—	—	—	—	—	—	—	—	—
—	—	—	—	—	—	—	—	—	—
—	—	—	—	—	—	—	—	—	—
—	—	—	—	—	—	—	—	—	—
—	—	—	—	—	—	—	—	—	—
—	—	—	—	—	—	—	—	—	—
—	—	—	—	—	—	—	—	—	—

附加声明:

检测: 记录: 复核: 日期: 年 月 日

第1页,共1页

锚具硬度试验检测报告(洛氏法)

BGLQ16001F

检测单位名称(专用章):×××检测中心 报告编号:BG-2018-MJJ-0001

委托单位	×××建设集团有限公司	工程名称	×××至×××高速公路建设项目
工程部位/用途		桥梁工程	
样品信息	样品名称:锚具YJM15-11P;样品编号:YP-2018-MJJ-0001;样品数量:1个;样品状态:表面无锈蚀;来样时间:2018年10月20日		
检测依据	GB/T 230.1—2009	判定依据	设计文件
主要仪器设备名称及编号		洛氏硬度计(数显)(×××)	
委托编号	WT-1800802	检测类别	委托检测
取样地点	×××	代表数量	×××
批号	×××	生产厂家	×××有限公司

试件编号	样品名称	硬度符号(标尺)	洛氏硬度(HR)			技术要求
			1	2	3	
1	锚具YJM15-11P	HRC	18.2	16.0	17.2	≤34
—	—	—	—	—	—	—
—	—	—	—	—	—	—
—	—	—	—	—	—	—
—	—	—	—	—	—	—
—	—	—	—	—	—	—
—	—	—	—	—	—	—
—	—	—	—	—	—	—
—	—	—	—	—	—	—
—	—	—	—	—	—	—

检测结论:经检测,该锚具样品所检洛氏硬度符合"设计文件"的技术要求。

附加声明:报告无本单位"检测专用章"无效;报告签名不全无效;报告改动、换页无效;本样品由委托方提供,报告结果仅适用于接收到的样品。未经本单位批准,不得部分复制本报告;若对本报告有异议,应于收到报告××个工作日内向本单位提出书面复议申请,逾期不予受理。

机构地址: 联系电话:

检测: 审核: 批准: 日期: 年 月 日

附录1 公路试验检测记录表及检测类报告应用实例

第1页,共1页

橡胶支座极限抗压强度试验检测记录表

JGLQ17004

检测单位名称:×××检测中心　　　　　　　　　　　　　　　　记录编号:JL-2018-XZZ-0001

工程名称	×××至×××高速公路建设项目			
工程部位/用途	桥梁工程			
样品信息	样品名称:GJZ300×300×52板式橡胶支座;样品编号:YP-2018-XZZ-0001;样品数量:3个;样品状态:外观无缺陷;来样时间:2018年10月20日			
试验检测日期	2018年10月22日—2018年10月24日	试验条件	温度:20℃;相对湿度:70%	
检测依据	JT/T 4—2004	判定依据	JT/T 4—2004	
主要仪器设备名称及编号	微机控制电液伺服压剪试验机(×××)、电子数显千分表(×××、×××、×××、×××)			
支座型号	板式橡胶支座	规格尺寸(mm)	GJZ 300×300×52	
试样分编号	有效受压面积(mm^2)	压力(kN)	抗压强度(MPa)	试样工作状态
1	84 100	5 887	70	完好无损
2	84 100	5 887	70	完好无损
3	84 100	5 887	70	完好无损
以下空白				
附加声明:				

检测:　　　　记录:　　　　复核:　　　　　　　　　　　　　日期:　年　月　日

第1页,共1页

橡胶支座极限抗压强度试验检测报告

BGLQ17001F

检测单位名称(专用章):×××检测中心　　　　　　　　报告编号:BG-2018-XZZ-0001

委托单位	×××建设集团有限公司	工程名称	×××至×××高速公路建设项目
工程部位/用途	桥梁工程		
样品信息	样品名称:GJZ300×300×52板式橡胶支座;样品编号:YP-2018-XZZ-0001;样品数量:3个;样品状态:外观无缺陷;来样时间:2018年10月20日		
检测依据	JT/T 4—2004	判定依据	JT/T 4—2004
主要仪器设备名称及编号	微机控制电液伺服压剪试验机(×××)、电子数显千分表(×××、×××、×××、×××)		
委托编号	WT-1800802	检测类别	委托检测
批号	××	生产厂家	×××有限公司

序号	检测参数	技术要求	检测结果		结果评定
1	极限抗压强度(MPa)	≥70	1	70	符合
			2	70	符合
			3	70	符合
以下空白					

检测结论:经检测,试样连续均匀加载至极限抗压强度70MPa,试样完好,该板式橡胶支座样品极限抗压强度符合《公路桥梁板式橡胶支座》(JT/T 4—2004)的技术要求。

附加声明:报告无本单位"检测专用章"无效;报告签名不全无效;报告改动、换页无效;本样品由委托方提供,报告结果仅适用于接收到的样品。未经本单位批准,不得部分复制本报告;若对本报告有异议,应于收到报告××个工作日内向本单位提出书面复议申请,逾期不予受理。

机构地址:　　　　　　　　　　　　　　　　联系电话:

检测:　　　审核:　　　批准:　　　　　　　　　　　　日期:　　年　月　日

桥梁伸缩装置外观质量试验检测记录表

第1页,共1页

JGLQ18001

检测单位名称:×××检测中心　　　　　　　　　记录编号:JL-2018-SFF-0001

工程名称	×××至×××高速公路建设项目			
工程部位/用途	桥梁工程			
样品信息	样品名称:MA80型模数式伸缩装置;样品编号:YP-2018-SSF-0001;样品数量:2根;样品状态:外观无异常;来样时间:2018年10月20日			
试验检测日期	2018年10月22日	试验条件	温度:20℃;相对湿度:70%	
检测依据	JT/T 327—2016	判定依据	JT/T 327—2016	
主要仪器设备名称及编号	—			

检测参数	技术要求	检测结果
外观表面	外观表面应平整洁净,无机械损伤,无毛刺,无锈蚀。产品铭牌标记清晰	2个试样外观表面平整洁净,无机械损伤,无毛刺,无锈蚀。产品铭牌标记清晰
橡胶表面	橡胶表面应光滑,无缺陷	2个试样橡胶表面光滑,无缺陷
焊缝	焊缝应均匀,不应有气孔,夹渣等缺陷	2个试样焊缝均匀,无气孔,无夹渣
涂装表面	涂装表面应平整,不应有脱落,流痕,褶皱等现象	2个试样涂装表面平整,无脱落,流痕,褶皱等现象
—	—	—
—	—	—
—	—	—

附加声明:

检测:　　　　记录:　　　　复核:　　　　　　　　　　日期:　　年　月　日

桥梁伸缩装置外观质量试验检测报告

第1页,共1页　BGLQ18001F

检测单位名称(专用章):×××检测中心　　报告编号:BG-2018-SSF-0001

委托单位	×××建设集团有限公司	工程名称	×××至×××高速公路建设项目
工程部位/用途	桥梁工程		
样品信息	样品名称:MA80型模数式伸缩装置;样品编号:YP-2018-SSF-0001;样品数量:2根;样品状态:外观无异常;来样时间:2018年10月20日		
检测依据	JT/T 327—2016	判定依据	JT/T 327—2016
主要仪器设备名称及编号	—		
委托编号	WT-1800802	检测类别	委托检测
批号	××××	生产厂家	×××有限公司

序号	检测参数	技术要求	检测结果	结果判定
1	外观表面	外观表面应平整洁净,无机械损伤,无毛刺,无锈蚀。产品铭牌标记清晰	2个试样外观表面平整洁净,无机械损伤,无毛刺,无锈蚀。产品铭牌标记清晰	符合
2	橡胶表面	橡胶表面应光滑,无缺陷	2个试样橡胶表面光滑,无缺陷	符合
3	焊缝	焊缝应均匀,不应有气孔、夹渣等缺陷	2个试样焊缝均匀,无气孔,无夹渣	符合
4	涂装表面	涂装表面应平整,不应有脱落、流痕、褶皱等现象	2个试样涂装表面平整,无脱落、流痕、褶皱等现象	符合

检测结论:经检测,该伸缩装置样品所检参数符合《公路桥梁伸缩装置通用技术条件》(JT/T 327—2016)标准的技术要求。

附加声明:报告无本单位"检测专用章"无效;报告签名不全无效;报告改动、换页无效;本样品由委托方提供,报告结果仅适用于接收到的样品。未经本单位批准,不得部分复制本报告;若对本报告有异议,应于收到报告××个工作日内向本单位提出书面复议申请,逾期不予受理。

机构地址:　　　　　　　　　　　联系电话:

检测:　　审核:　　批准:　　　　　　　日期:　年　月　日

附录1　公路试验检测记录表及检测类报告应用实例

第1页,共1页

预应力波纹管环刚度、局部横向荷载试验检测记录表

JGLQ19003
JGLQ19004

检测单位名称:×××检测中心　　　　　　　　　　　　　　记录编号:JL-2018-BWG-0001

工程名称	×××至×××高速公路建设项目				
工程部位/用途	桥梁工程				
样品信息	样品名称:预应力塑料波纹管(C-90);样品编号:YP-2018-BWG-0001;样品数量:10m;样品状态:黑色、外观无缺陷;来样时间:2018年10月20日				
试验检测日期	2018年10月20日—2018年10月23日		试验条件	温度:22℃;相对湿度:58%	
检测依据	JT/T 529—2016　GB/T 9647—2003		判定依据	JT/T 529—2016	
主要仪器设备名称及编号	波纹管力学性能试验机(×××)、钢直尺(×××)、游标卡尺(×××)				

环刚度试验

试样编号	试样长度 L(m)			试样内径 d_i(m)				试样内径垂直方向3%变化量 ΔY(m)	试样内径垂直方向3%变形时的荷载 F_1(kN)	试样的环刚度 S(kN/m^2)		技术要求 (kN/m^2)
										单值	平均值	
1	0.298	0.307	0.301	0.090 26	0.089 92	0.090 30	0.089 10	0.002 70	0.408 4	9.702		
	0.302			0.089 90								
2	0.295	0.292	0.296	0.089 42	0.090 92	0.090 12	0.090 32	0.002 71	0.407 3	9.896		
	0.294			0.090 20								
3	0.310	0.293	0.304	0.090 70	0.089 44	0.090 78	0.090 12	0.002 71	0.416 1	9.835	9.64	≥6
	0.302			0.090 26								
4	0.295	0.309	0.309	0.090 44	0.089 50	0.089 02	0.090 70	0.002 70	0.403 2	9.505		
	0.304			0.089 92								
5	0.294	0.308	0.295	0.089 48	0.090 58	0.089 48	0.089 56	0.002 69	0.384 9	9.249		
	0.299			0.089 78								

局部横向荷载试验 800kN

试样编号	持荷2min后试样表面是否破裂	技术要求	试验前外径(或扁管长轴)(mm)	卸荷5min后外径(或扁管短轴)(mm)	管节外径变形量(%)		技术要求(%)
					单值	平均值	
1	无破裂	持荷2min,管节表面不应出现破裂	105.24	111.76	6.2		
2	无破裂		106.36	113.27	6.5		
3	无破裂		105.46	113.16	7.3	6.7	≤10
4	无破裂		106.86	113.59	6.3		
5	无破裂		105.74	113.25	7.1		

附加声明:

检测:　　　　记录:　　　　复核:　　　　　　　　　　　日期:　　年　　月　　日

第1页,共1页

预应力波纹管环刚度、局部横向荷载试验检测报告

BGLQ19001F

检测单位名称(专用章):×××检测中心　　　　报告编号:BG-2018-BWG-0001

委托单位	×××建设集团有限公司	工程名称	×××至×××高速公路建设项目
工程部位/用途	桥梁工程			
样品信息	样品名称:预应力塑料波纹管(C-90);样品编号:YP-2018-BWG-0001;样品数量:10米;样品状态:黑色、外观无缺陷;来样时间:2018年10月2日			
检测依据	JT/T 529—2016	判定依据	JT/T 529—2016
主要仪器设备名称及编号	波纹管力学性能试验机(×××)、钢直尺(×××)、游标卡尺(×××)			
委托编号	WT-1800802	检测类别	委托检测
批号	×××	生产厂家	×××有限公司

序号	检测参数	技术要求	检测结果	结果评定
1	环刚度	≥6kN/m²	9.64kN/m²	符合
2	局部横向荷载800kN	管节外径变形量≤10%	6.7%	符合
		持荷2min,管节表面不应出现破裂	试样均无破裂	符合

以下空白

检测结论:经检测,该塑料波纹管样品所检参数符合《预应力混凝土桥梁用塑料波纹管》(JT/T 529—2016)标准的技术要求。

附加声明:报告无本单位"检测专用章"无效;报告签名不全无效;报告改动、换页无效;本样品由委托方提供,报告结果仅适用于接收到的样品。未经本单位批准,不得部分复制本报告;若对本报告有异议,应于收到报告××个工作日内向本单位提出书面复议申请,逾期不予受理。

机构地址:　　　　　　　　　　　　　联系电话:

检测:　　　审核:　　　批准:　　　　　　　　　日期:　　年　月　日

附录1 公路试验检测记录表及检测类报告应用实例

第1页,共1页

路基压实度试验检测记录表(灌砂法)

JGLP01003a

检测单位名称:×××检测中心　　　　　　　　　　　　　　　记录编号:JL-2018-LJS-0001

工程名称	×××至×××高速公路建设项目										
工程部位/用途	路基填筑										
样品信息	样品名称:K0+000~K0+100路基填筑95区第5层;样品编号:YP-2018-LJS-0001;检测数量:1处;样品状态:路基干燥、清洁、平整										
试验检测日期	2018年10月22日				试验条件	—					
检测依据	JTG E60—2008				判定依据	设计文件					
主要仪器设备名称及编号	灌砂仪(×××)、电子天平(×××)										
填料类型		碎石土			压实度标准值(%)			95			
桩号		K0+070	—	—	—	—	—	—	—	—	—
位置(距中线)		右1.0m	—	—	—	—	—	—	—	—	—
试坑深度(cm)		20.0	—	—	—	—	—	—	—	—	—
试验用砂密度(g/cm³)		1.30									
锥体	灌入锥体前筒内砂质量(g)	21 800	—	—	—	—	—	—	—	—	—
	灌入锥体后筒内砂质量(g)	20 257	—	—	—	—	—	—	—	—	—
	锥体内及基板和粗糙面间砂的合质量(g)	1 543	—	—	—	—	—	—	—	—	—
试坑体积、湿密度	灌入试坑前筒内砂质量(g)	21 800	—	—	—	—	—	—	—	—	—
	灌入试坑后筒内剩余砂质量(g)	14 672	—	—	—	—	—	—	—	—	—
	试坑内砂质量(g)	5 585	—	—	—	—	—	—	—	—	—
	试坑体积(cm³)	4 296.2	—	—	—	—	—	—	—	—	—
	试坑中湿土质量(g)	9 538	—	—	—	—	—	—	—	—	—
	湿密度(g/cm³)	2.22	—	—	—	—	—	—	—	—	—
含水率	盒号	1	2	—	—	—	—	—	—	—	—
	盒+湿土质量(g)	2 066.9	2 030.0	—	—	—	—	—	—	—	—
	盒+干土质量(g)	1 955.7	1 901.8	—	—	—	—	—	—	—	—
	盒质量(g)	648.0	461.0	—	—	—	—	—	—	—	—
	干土质量(g)	1 307.7	1 440.8	—	—	—	—	—	—	—	—
	水质量(g)	111.2	128.2	—	—	—	—	—	—	—	—
	含水率(%)	8.5	8.9	—	—	—	—	—	—	—	—
	平均含水率(%)	8.7	—	—	—	—	—	—	—	—	—
压实度	试样干密度(g/cm³)	2.04	—	—	—	—	—	—	—	—	—
	最大干密度(g/cm³)	2.13	—	—	—	—	—	—	—	—	—
实测压实度(%)		95.8									
击实试验报告编号		BG-2018-TGJ-030									
附加声明:												

检测:　　　　　记录:　　　　　复核:　　　　　　　　　　　　日期:　　年　　月　　日

第1页,共1页

路基压实度试验检测报告(灌砂法)

BGLP01201F

检测单位名称(专用章):×××检测中心　　　　　　　　　　　　报告编号:BG-2018-LJS-0001

委托单位	×××建设集团有限公司	工程名称	×××至×××高速公路建设项目
工程部位/用途	路基填筑		
样品信息	样品名称:K0+000~K0+100路基填筑95区第5层;样品编号:YP-2018-LJS-0001;检测数量:1处;样品状态:路基干燥、清洁、平整		
检测依据	JTG E60—2008	判定依据	设计文件
主要仪器设备名称及编号	灌砂仪(×××)、电子天平(×××)		
委托编号	WT-1800802	检测类别	委托检测
填料类型	碎石土	压实度标准值(%)	95

序号	桩号及位置(距中线)	实测压实度(%)	结果判定
1	K0+070 右1.0m	95.8	符合
—	—	—	—
—	—	—	—
—	—	—	—
—	—	—	—
—	—	—	—
—	—	—	—
—	—	—	—
—	—	—	—
—	—	—	—
—	—	—	—
—	—	—	—
—	—	—	—
—	—	—	—
—	—	—	—

检测结论:经检测,该检测点压实度符合"设计文件"要求。

附加声明:报告无本单位"检测专用章"无效;报告签名不全无效;报告改动、换页无效。未经本单位批准,不得部分复制本报告;若对本报告有异议,应于收到报告××个工作日内向本单位提出书面复议申请,逾期不予受理。

机构地址:　　　　　　　　　　　　　　　　联系电话:

检测:　　　审核:　　　批准:　　　　　　　　　　　日期:　　年　　月　　日

附录1 公路试验检测记录表及检测类报告应用实例

第1页,共1页

混凝土结构强度试验检测记录表(回弹法)

JGLP02001b

检测单位名称:×××检测中心　　　　　　　　　　　　　　　　　　　　　记录编号:JL-2018-JGT-0001

工程名称	×××至×××高速公路建设项目															
工程部位/用途	K0+857.3涵洞盖板															
样品信息	样品名称:C30混凝土盖板;样品编号:YP-2018-JGT-0001;样品数量:5个测区;样品状态:光洁、干净、干燥;浇筑日期:2018年07月08日															
试验检测日期	2018年10月20日						试验条件				温度:20℃;相对湿度:65%					
检测依据	JGJ/T 23—2011						判定依据				设计文件					
主要仪器设备名称及编号							数显回弹仪(×××)									
检测部位	混凝土侧面						强度推定依据				附录A 测区混凝土强度换算表					

测区	各测点实测回弹值 R_i															
	1	2	3	4	5	6	7	8	9	10	11	12	13	14	15	16
1	36	38	32	39	35	36	37	38	39	40	31	35	36	34	36	32
2	37	34	36	35	31	32	36	38	34	36	38	36	34	32	35	36
3	38	34	36	35	31	32	35	36	36	34	39	40	32	36	35	34
4	34	40	35	41	35	35	33	42	41	36	29	42	33	41	37	33
5	32	39	34	40	33	38	40	36	32	43	37	32	38	34	36	31
6	—	—	—	—	—	—	—	—	—	—	—	—	—	—	—	—
7	—	—	—	—	—	—	—	—	—	—	—	—	—	—	—	—
8	—	—	—	—	—	—	—	—	—	—	—	—	—	—	—	—
9	—	—	—	—	—	—	—	—	—	—	—	—	—	—	—	—
10	—	—	—	—	—	—	—	—	—	—	—	—	—	—	—	—

测区	1	2	3	4	5	6	7	8	9	10
实测平均回弹值 $\overline{N_s}$	36.1	35.2	35.1	36.7	35.7	—	—	—	—	—
测试角度(°)	0	0	0	0	0	—	—	—	—	—
非水平测试修正值 ΔN	0	0	0	0	0	—	—	—	—	—
不同浇筑面修正值 R_a	0	0	0	0	0	—	—	—	—	—
修正平均回弹值 R_m	36.1	35.2	35.1	36.7	35.7	—	—	—	—	—
平均碳化深度 d_m(mm)	0	0	0	0	0	—	—	—	—	—
强度换算值 $f_{cu,i}^c$(MPa)	33.8	32.1	32.0	35.0	33.1	—	—	—	—	—

强度换算平均值(MPa)	33.2	强度换算值标准差	0.662	现龄期混凝土强度推定值 $f_{cu,e}$(MPa)	32.0

附加声明:

检测:　　　　记录:　　　　复核:　　　　　　　　　　　　　日期:　　年　月　日

第 1 页,共 1 页

混凝土结构强度试验检测报告(回弹法)　　BGLP02001F

检测单位名称(专用章):×××检测中心　　报告编号:BG-2018-JGT-0001

委托单位	×××建设集团有限公司	工程名称	×××至×××高速公路建设项目
工程部位/用途		K0+857.3 涵洞盖板	
样品信息		样品名称:C30 混凝土盖板(碎石混凝土);样品编号:YP-2018-JGT-0001;样品数量:5 个测区;样品状态:光洁、干净、干燥	
检测依据	JGJ/T 23—2011	判定依据	设计文件
主要仪器设备名称及编号		数显回弹仪(×××)	
委托编号	WT-1800802	检测类别	委托检测
检测日期	2018 年 09 月 08 日	强度推定依据	附录 A 测区混凝土强度换算表

| 序号 | 构件信息 | 浇筑日期 | 测区数 | 混凝土抗压强度换算值(MPa) | | | 现龄期混凝土强度推定值(MPa) | 结果判定 |
				平均值	标准差	最小值		
1	K0+857.3 涵洞 C30 混凝土盖板	2018 年 07 月 08 日	5	33.2	0.662	32.0	32.0	符合
—	—	—	—	—	—	—	—	—
—	—	—	—	—	—	—	—	—
—	—	—	—	—	—	—	—	—
—	—	—	—	—	—	—	—	—
—	—	—	—	—	—	—	—	—
—	—	—	—	—	—	—	—	—

检测结论:经检测,该结构混凝土强度推定值达到"设计文件"要求。

附加声明:报告无本单位"检测专用章"无效;报告签名不全无效;报告改动、换页无效。未经本单位批准,不得部分复制本报告;若对本报告有异议,应于收到报告××个工作日内向本单位提出书面复议申请,逾期不予受理。

机构地址:　　　　　　　　　　　　　　　联系电话:

检测:　　审核:　　批准:　　　　　　　　日期:　　年　　月　　日

附录1　公路试验检测记录表及检测类报告应用实例

第1页,共1页

地基承载力试验检测记录表(动力触探法)

JGLP04001b

检测单位名称:×××检测中心　　　　　　　　　　　　记录编号:JL-2018-CZL-0001

工程名称	×××至×××高速公路建设项目										
工程部位/用途	挡墙基础										
样品信息	样品名称:K0+000~K0+040右侧挡墙基础;样品编号:YP-2018-CZL-0001;样品数量:2处;样品状态:表面平整;地基土类型:中砂-砂砾土;设计基本承载力200kPa										
试验检测日期	2018年10月20日			试验条件			—				
检测依据	TB 10018—2003　J261—2003			判定依据			设计文件				
主要仪器设备名称及编号	重型动力触探仪(×××)										
测点编号	测点桩号	距中线距离左+右-(m)	探杆总长(m)	测点高程(m)	试验深度(cm)	贯入度 s (cm)	锤击次数 n (击)	$N_{63.5}$ (击/10cm)	杆长击数修正系数	修正后击数 $N'_{63.5}$ (击/10cm)	地基基本承载力 σ_0 (kPa)
1	K1+940	-12.5	<2	578.04	0~10	10	7	7.0	1.0	7.0	260
—	—	—	—	—	10~20	10	9	9.0	1.0	9.0	340
—	—	—	—	—	20~30	10	12	12.0	1.0	12.0	460
2	K1+955	-12.2	<2	578.06	0~10	10	8	8.0	1.0	8.0	300
—	—	—	—	—	10~20	10	11	11.0	1.0	11.0	420
—	—	—	—	—	20~30	10	13	13.0	1.0	13.0	500
—	—	—	—	—	—	—	—	—	—	—	—
—	—	—	—	—	—	—	—	—	—	—	—
—	—	—	—	—	—	—	—	—	—	—	—
—	—	—	—	—	—	—	—	—	—	—	—
—	—	—	—	—	—	—	—	—	—	—	—
测点布置(草)图	此处略										
附加声明:											

检测:　　　　记录:　　　　复核:　　　　　　　　　　　　　　日期:　　年　　月　　日

第1页,共1页

地基承载力试验检测报告(动力触探法)

BGLP04001F

检测单位名称(专用章):×××检测中心　　　　报告编号:BG-2018-CZL-0001

委托单位	×××建设集团有限公司	工程名称	×××至×××高速公路建设项目
工程部位/用途	挡墙基础		
样品信息	样品名称:K0+000~K0+040右侧挡墙基础;样品编号:YP-2018-CZL-0001;样品数量:2处;样品状态:表面平整		
检测依据	TB 10018—2003 J261—2003	判定依据	设计文件
主要仪器设备名称及编号	重型动力触探仪(×××)		
委托编号	WT-1800802	检测类别	委托检测
地基土类型	砂砾土	设计基本承载力	200kPa

测点编号	测点桩号	距中线距离(m)左+右-	测点高程(m)	检测深度(cm)	地基基本承载力 σ_0 (kPa)	结果判定
1	K0+015	-12.5	578.04	0~10	260	符合
—	—	—	—	10~20	340	符合
—	—	—	—	20~30	460	符合
2	K1+035	-12.2	578.06	0~10	300	符合
—	—	—	—	10~20	420	符合
—	—	—	—	20~30	500	符合
					—	
					—	
					—	
					—	
					—	
					—	

检测结论:经检测,该挡墙基础检测测点地基基本承载力符合"设计文件"要求。

附加声明:报告无本单位"检测专用章"无效;报告签名不全无效;报告改动、换页无效。未经本单位批准,不得部分复制本报告;若对本报告有异议,应于收到报告××个工作日内向本单位提出书面复议申请,逾期不予受理。

机构地址:　　　　　　　　　　　　联系电话:

检测:　　　审核:　　　批准:　　　　　　　　　　日期:　　年　　月　　日

附录1　公路试验检测记录表及检测类报告应用实例

第1页,共1页

高强度螺栓连接副扭矩系数试验检测记录表

JGLP03002

检测单位名称：×××检测中心　　　　　　　　　　　　　　　　　记录编号：JL-2018-QL-0001

工程名称	×××至×××高速公路建设项目				
工程部位/用途	桥梁工程				
样品信息	样品名称:M16×140mm 高强度大六角头螺栓连接副(10.9S);样品编号:YP-2018-QL-0001;样品数量:8套;样品状态:表面无锈蚀;来样时间:2018年08月20日				
试验检测日期	2018年08月22日	试验条件	温度:22℃;相对湿度:55%		
检测依据	GB 50205—2001	判定依据	GB 50205—2001		
主要仪器设备名称及编号	高强螺栓扭矩系数检测仪(×××)				

螺栓规格	M16×140mm 10.9S				
试样编号	螺栓的螺纹公称直径 d (mm)	螺栓的预拉力 P (kN)	施拧扭矩 T (N·m)	扭矩系数 K	扭矩系数平均值	标准偏差
1	16	110.2	264.4	0.150		
2	16	111.4	237.4	0.133		
3	16	110.5	254.2	0.144		
4	16	110.7	233.2	0.132	0.139	0.006
5	16	110.6	245.6	0.139		
6	16	110.1	248.4	0.141		
7	16	109.8	246.0	0.140		
8	16	112.3	239.5	0.133		

附加声明：

检测：　　　　　记录：　　　　　复核：　　　　　　　　　　　　日期：　　年　　月　　日

第1页,共1页

高强度螺栓连接副扭矩系数试验检测报告

BGLP03001F

检测单位名称(专用章):×××检测中心　　　　报告编号:BG-2018-QL-0001

委托单位	×××建设集团有限公司	工程名称	×××至×××高速公路建设项目
工程部位/用途	桥梁工程		
样品信息	样品名称:M16×140mm高强度大六角头螺栓连接副(10.9S);样品编号:YP-2018-QL-0001;样品数量:8套;样品状态:表面无锈蚀;来样时间:2018年08月20日		
检测依据	GB 50205—2001	判定依据	GB 50205—2001
主要仪器设备名称及编号	高强螺栓扭矩系数检测仪(×××)		
委托编号	0009806	检测类别	委托检测
代表数量	2 800套	取样地点	现场

序号	检测参数		技术要求	检测结果	结果判定
1	连接副扭矩系数	扭矩系数平均值	0.110~0.150	0.139	符合
		标准偏差	≤0.010	0.006	符合
		以下空白			

检测结论:经检测,该高强度大六角头螺栓连接副样品扭矩系数符合《钢结构工程施工质量验收规范》(GB 50205—2001)的技术要求。

附加声明:报告无本单位"检测专用章"无效;报告签名不全无效;报告改动、换页无效;本样品由委托方提供,报告结果仅适用于接收到的样品。未经本单位批准,不得部分复制本报告;若对本报告有异议,应于收到报告××个工作日内向本单位提出书面复议申请,逾期不予受理。

机构地址:　　　　　　　　　　　联系电话:

检测:　　　审核:　　　批准:　　　　　　　　　　　日期:　　年　　月　　日

附录1 公路试验检测记录表及检测类报告应用实例

第1页,共1页

路面标线涂料耐磨性、预混玻璃珠含量试验检测记录表

JGLQ21004
JGLQ21005

检测单位名称：×××检测中心　　　　　　　　　　　　记录编号：JL-2018-JAJ-0001

工程名称	×××至×××高速公路建设项目				
工程部位/用途	路面标线				
样品信息	样品名称:热熔反光型标线涂料;样品编号:YP-2018-JAJ-0001;样品数量:5kg;样品状态:白色、粉末状;来样时间:2018年10月20日				
试验检测日期	2018年10月22日		试验条件	温度:23℃;相对湿度:55%	
检测依据	JT/T 280—2004		判定依据	JT/T 280—2004	
主要仪器设备名称及编号	恒定湿热试验箱(×××)、磨耗仪(×××)、分析天平(×××)、电子天平(×××)				

耐磨耗性

试样编号	试样尺寸（mm）	预磨前试样质量 m_1（mg）	磨耗转数 n_2	磨耗后试样质量 m_2（mg）	质量损耗 m_3（mg）（$m_3 = m_1 - m_2$）	平均值 m_4（mg）
1	100	92 131.4	200	92 094.9	36.5	35.7
2	100	91 041.5	200	91 008.3	33.2	
3	100	91 764.1	200	91 726.7	37.4	

预混玻璃珠含量

试样编号	试样质量（g）	玻璃珠质量（g）	玻璃珠含量（%）	玻璃珠含量平均值（%）
1	30.12	6.74	22.40	22.35
2	30.07	6.92	23.00	
3	30.25	6.55	21.70	

附加声明：

检测：　　　　记录：　　　　复核：　　　　　　　　　　　　日期：　　年　　月　　日

第 1 页,共 1 页

路面标线涂料试验检测报告(一)

BGLQ21001F

检测单位名称(专用章):×××检测中心　　　　　　　　　　　报告编号:BG-2018-JAJ-0001

委托单位	×××建设集团有限公司	工程名称	×××至×××高速公路建设项目
工程部位/用途			路面标线
样品信息			样品名称:热熔反光型标线涂料;样品编号:YP-2018-JAJ-0001;样品数量:5kg;样品状态:白色、粉末状;来样时间:2018年10月20日
检测依据	JT/T 280—2004	判定依据	JT/T 280—2004
主要仪器设备名称及编号			恒定湿热试验箱(×××)、磨耗仪(×××)、分析天平(×××)、电子天平(×××)
委托编号	WT-1800802	检测类别	委托检测
批号	BH-2018-09002	生产厂家	×××

序号	检测参数	技术要求	检测结果	结果评定
1	色度性能	—	—	—
2	软化点	—	—	—
3	抗压强度	—	—	—
4	耐磨性	≤80	35.7	符合
5	预混玻璃珠含量	18~25	22.35	符合
6	耐水性	—	—	—
7	耐碱性	—	—	—
8	密度	—	—	—
9	不粘胎干燥时间	—	—	—
10	涂层低温抗裂性	—	—	—
11	加热稳定性	—	—	—
12	流动度	—	—	—
13	耐热变形性	—	—	—
14	总有机物含量	—	—	—
15	人工加速耐候性	—	—	—

检测结论:经检测,该涂料样品所检参数符合《路面标线涂料》(JT/T 280—2004)的技术要求。

附加声明:报告无本单位"检测专用章"无效;报告签名不全无效;报告改动、换页无效;本样品由委托方提供,报告结果仅适用于接收到的样品。未经本单位批准,不得部分复制本报告;若对本报告有异议,应于收到报告××个工作日内向本单位提出书面复议申请,逾期不予受理。

机构地址:　　　　　　　　　　　　　联系电话:

检测:　　　　审核:　　　　批准:　　　　　　　　　　　　日期:　　年　　月　　日

附录2 水运试验检测记录表及检测类报告应用实例

第1页,共1页

土界限含水率试验检测记录表(液限和塑限联合测定法)　　JSYQ01002a

检测单位名称:×××检测中心　　　　　　　　　　　　　　　记录编号:JL12.180002

工程名称	—
工程部位/用途	—
样品信息	来样时间:2018年08月23日;样品名称:土;样品编号:12.180002;样品数量:1kg;样品状态:原状土、黄(褐)色、无臭味、无杂质

试验检测日期	2018年08月24日	试验条件	温度:20℃;湿度:60%RH
检测依据	GB/T 50123—1999	判定依据	—
主要仪器设备名称及编号	电子天平(×××)、数显液塑限联合测定仪(×××)、烘箱(×××)		

试验点数 锥入深度	a	b	c
适宜锥入深度(mm)	15~17	7~9	3~4
实测锥入深度(mm)	15.84	8.22	3.71

含水率(%)	盒号	1	2	3	4	5	6
	盒+湿土质量(g)	38.68	38.84	37.82	37.72	36.60	36.86
	盒+干土质量(g)	35.25	35.41	35.24	34.99	34.52	34.84
	盒质量(g)	25.05	25.22	25.95	25.23	25.70	26.28
	水分质量(g)	3.43	3.43	2.58	2.73	2.08	2.02
	干土质量(g)	10.20	10.19	9.29	9.76	8.82	8.56
	含水率(%)	33.6	33.7	27.8	28.0	23.6	23.6
	平均含水率(%)	33.6		27.9		23.6	

圆锥下沉深度与含水率关系曲线

塑限W_p(%)	(_10_mm)液限W_L(%)	塑性指数I_p	液性指数I_L
19.3	29.9	10.6	—

附加声明:

检测:　　　　记录:　　　　复核:　　　　　　　　　　　日期:　　年　月　日

第1页,共1页

土界限含水率试验检测报告

BSYQ01002F

检测单位名称(专用章):×××检测中心　　　　　　　　　报告编号:BG12.0002-2018

委托单位	×××工程有限公司	工程名称	×××工程
工程部位/用途	×××		
样品信息	来样时间:2018年08月23日;样品名称:土;样品编号:12.180002;样品数量:1kg;样品状态:原状土、黄(褐)色、无臭味、无杂质		
检测依据	GB/T 50123—1999	判定依据	—
主要仪器设备名称及编号	电子天平(×××)、数显液塑限联合测定仪(×××)、烘箱(×××)		
检测日期	2018年08月24日	检测类别	见证取样
委托编号	1220180823001	岩土类别	—
塑限 W_P (%)	(10 mm)液限 W_L (%)	塑性指数 I_P	液性指数 I_L
19.3	29.9	10.6	—

检测结论:经检测,该土样塑限为19.3%,10mm液限为29.9%,塑性指数为10.6。

附加声明:
　　抽样单位:×××　　　　　　　　　　　抽样人:×××
　　见证单位:×××　　　　　　　　　　　见证人:×××
　　报告无本单位"检测专用章"无效;报告签名不全无效;报告改动、换页无效;本样品由委托方提供,报告结果仅适用于接收到的样品;未经本单位批准,不得部分复制本报告;若对本报告有异议,应于收到报告×个工作日内向本单位提出书面复议申请,逾期不予受理。

地址:　　　　　　　　电话:　　　　　　　　传真:

检测:　　　　审核:　　　　批准:　　　　　　　　　　日期:　　年　　月　　日

附录2　水运试验检测记录表及检测类报告应用实例

第1页,共1页

细集料颗粒级配试验检测记录表(干筛法)

JSYQ02001a

检测单位名称:×××检测中心

记录编号:JL03.180001-1

工程名称	—
工程部位/用途	—
样品信息	来样时间:2018年08月23日;样品名称:天然砂;样品编号:03.180001;样品数量:80kg;样品状态:散装、潮湿、无臭味、无杂质
试验检测日期	2018年08月24日	试验条件	温度:20℃;湿度:60%RH
检测依据	GB/T 14684—2011	判定依据	JTS 202—2011
主要仪器设备名称及编号	电子天平(×××)、振筛机(×××)、方孔集料筛(×××)、烘箱(×××)

筛孔尺寸(mm)	筛余量(g)		分计筛余率(%)			累计筛余率(%)			细度模数	标准颗粒级配区累计筛余(%)				检测结果
	1	2	1	2	平均	1	2	平均		筛孔(mm)	Ⅰ区	Ⅱ区	Ⅲ区	
9.50	0	0	0.0	0.0	0.0	0.0	0.0	0	第一次	9.50	0	0	0	
4.75	12	13	2.4	2.6	2.5	2.4	2.6	3	2.74	4.75	10~0	10~0	10~0	
2.36	52	50	10.4	10.0	10.2	12.8	12.6	13	第二次	2.36	35~5	25~0	15~0	
1.18	82	84	16.4	16.8	16.6	29.2	29.4	29	2.74	1.18	65~35	50~10	25~0	Ⅱ区中砂
0.60	128	127	25.6	25.4	25.5	54.8	54.8	55	两次差	0.60	85~71	70~41	40~16	
0.30	151	153	30.2	30.6	30.4	85.0	85.4	85	0.00	0.30	95~80	92~70	85~55	
0.15	63	60	12.6	12.0	12.3	97.6	97.4	98	确定值	0.15	100~90	100~90	100~90	
筛底	12	13	2.4	2.6	2.5	100.0	100.0	100	2.7	筛底		√		

附加声明:

检测:　　　记录:　　　复核:　　　日期:　　年　月　日

第1页,共1页
JSYQ02008
JSYQ02010

细集料吸水率、有机物含量试验检测记录表

检测单位名称:×××检测中心　　　　　　　　　　　　　　　　记录编号:JL03.180001-2

工程名称	—
工程部位/用途	—
样品信息	来样时间:2018年08月23日;样品名称:天然砂;样品编号:03.180001;样品数量:80kg;样品状态:散装、潮湿、无臭味、无杂质

试验检测日期	2018年08月24日—2018年09月07日	试验条件	温度:20℃;湿度:60%RH
检测依据	GB/T 14684—2011	判定依据	JTS 202—2011
主要仪器设备名称及编号	烘箱(×××)、方孔集料筛(×××)、饱和面干试模(×××)、电子天平(×××)		

有机物含量试验			
与标准溶液比色	加热后与标准溶液比色	砂浆试块抗压强度		
		原试样制作试块强度(MPa)	清洗后试样制作试块强度(MPa)	抗压强度比(%)
接近	浅于标准溶液	—	—	—

吸水率试验	M_1(g)	500.0	500.0
	M_0(g)	471.1	471.5
	Q_x(%)	6.10	6.00
	平均值(%)	6.1	

附加声明:

检测:　　　记录:　　　复核:　　　　　　　　　　日期:　　年　　月　　日

附录2　水运试验检测记录表及检测类报告应用实例

第1页,共1页

JSYQ02009
JSYQ02016
JSYQ02017
JSYQ02018

细集料硫化物及硫酸盐含量、轻物质、氯化物含量、云母含量试验检测记录表

检测单位名称:×××检测中心　　　　　　　　　　　　　　　　　　记录编号:JL03.180001-3

工程名称	—									
工程部位/用途	—									
样品信息	来样时间:2018年08月23日;样品名称:天然砂;样品编号:03.180001;样品数量:80kg;样品状态:散装、潮湿、无臭味、无杂质									
试验检测日期	2018年08月24日				试验条件		温度:20℃;湿度:60%RH			
检测依据	GB/T 14684—2011				判定依据		JTS 202—2011			
主要仪器设备名称及编号	烘箱(×××)、方孔集料筛(×××)、电子天平(×××)、滴定设备(×××)、放大镜(×××)									
硫化物和硫酸盐含量试验			氯化物含量试验			轻物质试验			云母含量试验	
瓷坩埚及沉淀物质量(g)	36.245	32.352	N(mol/L)	0.01	0.01	G_2(g)	62.1	61.5	G_1(g)	15.00	15.00
瓷坩埚质量(g)	36.232	32.336	A(mL)	11.2	10.8	G_3(g)	61.3	60.7			
G_2(g)	0.013	0.016	B(mL)	0.6	0.5	G_1(g)	200.0	200.0	G_2(g)	0.09	0.11
G_1(g)	1.006	1.043	G_0(g)	500.0	500.0						
Q_e(%)	0.4	0.5	Q_f(%)	0.01	0.01	Q_d(%)	0.4	0.4	Q_c(%)	0.6	0.7
平均值(%)	0.4		平均值(%)	0.01		平均值(%)	0.4		平均值(%)	0.6	
附加声明:										

检测:　　　　记录:　　　　复核:　　　　　　　　　　　　日期:　　年　　月　　日

第1页,共1页

JSYQ02002
JSYQ02003
JSYQ02004
JSYQ02005

细集料含泥量、泥块含量、表观密度、堆积密度试验检测记录表

检测单位名称:×××检测中心　　　　　　　　　　　　　　　　记录编号:JL03.180001-4

工程名称	—
工程部位/用途	—
样品信息	来样时间:2018年08月23日;样品名称:天然砂;样品编号:03.180001;样品数量:80kg;样品状态:散装、潮湿、无臭味、无杂质
试验检测日期	2018年08月24日　试验条件　温度:20℃;湿度:60%RH
检测依据	GB/T 14684—2011　判定依据　JTS 202—2011
主要仪器设备名称及编号	方孔集料筛(×××)、堆积密度仪(×××)、烘箱(×××)、电子天平(×××)、温度计(×××)

表观密度试验			堆积密度试验			泥块含量试验			含泥量试验		
G_0(g)	300.0	300.0	G_1(kg)	1.912	1.915	G_1(g)	200.0	200.0	G_0(g)	500.0	500.0
G_1(g)	852	826	G_2(kg)	0.404	0.404	G_2(g)	199.7	199.5	G_1(g)	495.1	495.2
G_2(g)	664	638	V(L)	1	1						
$\rho_水$(kg/m³)	1 000	1 000									
ρ_0(kg/m³)	2 674	2 674	ρ_1(kg/m³)	1 508	1 511	Q_b(%)	0.2	0.3	Q_a(%)	1.0	1.0
水温(℃):20 温度修正系数 a_t:0.005											
平均值 ρ_0(kg/m³)	2 670		平均值 ρ_1(kg/m³)	1 510		平均值 Q_b(%)	0.2		平均值 Q_a(%)	1.0	

附加声明:

检测:　　　记录:　　　复核:　　　　　　　　　　　　日期:　　年　　月　　日

附录2　水运试验检测记录表及检测类报告应用实例

第1页,共1页

细集料试验检测报告(一)

BSYQ02001F

检测单位名称(专用章):×××检测中心　　　　　　　　　报告编号:BG03.0001-2018

委托单位	×××工程有限公司	工程名称	×××工程
工程部位/用途	×××		
样品信息	来样时间:2018年08月23日;样品名称:天然砂;样品编号:03.180001;样品数量:80kg; 样品状态:散装、潮湿、无臭味、无杂质		
检测依据	GB/T 14684—2011	判定依据	JTS 202—2011
主要仪器设备名称及编号	电子天平(×××)、振筛机(×××)、方孔集料筛(×××)、烘箱(×××)、堆积密度仪 (×××)、温度计(×××)、滴定设备(×××)、饱和面干试模(×××)、放大镜(×××)		
检测日期	2018年08月23日— 2018年09月07日	产地	×××
委托编号	0320180823001	代表数量(t)	600
检测类别	见证取样	进场日期	2018年08月22日

筛孔尺寸(mm)			4.75	2.36	1.18	0.60	0.30	0.15	底盘	细度模数
级配区	标准累计筛余(%)	Ⅰ区	10~0	35~5	65~35	85~71	95~80	100~90	—	2.7
		Ⅱ区	10~0	25~0	50~10	70~41	92~70	100~90	—	
		Ⅲ区	10~0	15~0	25~0	40~16	85~55	100~90	—	级配区
实测累计筛余(%)			3	13	29	55	85	98	100	Ⅱ

检测项目	技术要求	检测结果	检测项目	技术要求	检测结果
表观密度(kg/m³)	≥2500	2670	堆积密度(kg/m³)	≥1400	1510
含泥量(%)	≤5.0	1.0	泥块含量(%)	<2.0	0.2
氯化物含量(%)	—	0.01	轻物质含量(%)	≤1.0	0.4
云母含量(%)	≤2.0	0.6	有机物含量(比色法)	浅于标准色	合格
硫化物及硫酸盐 含量(%)	≤1.0	0.4	吸水率(%)	—	6.1

检测结论:经检测,该砂所检项目符合JTS 202—2011中强度小于C30的无抗冻性混凝土用细集料要求,细度模数符合中砂标准。

附加声明:

　　抽样单位:×××　　　　　　　　　　　抽样人:×××

　　见证单位:×××　　　　　　　　　　　见证人:×××

　　报告无本单位"检测专用章"无效;报告签名不全无效;报告改动、换页无效;本样品由委托方提供,报告结果仅适用于接收到的样品;未经本单位批准,不得部分复制本报告;若对本报告有异议,应于收到报告×个工作日内向本单位提出书面复议申请,逾期不予受理。

地址:　　　　　　　　电话:　　　　　　　　传真:

检测:　　　审核:　　　批准:　　　　　　　　　　　　　　日期:　　年　　月　　日

岩石单轴抗压强度试验检测记录表

第 1 页，共 1 页
记录编号：JSYQ03001
JL04.180001

检测单位名称：×××检测中心					
委托单位	—	工程部位/用途	—	试验检测日期	2018年08月24日—2018年08月27日
样品信息	来样时间：2018年08月23日；样品名称：岩石；样品编号：04.180001；样品数量：100kg；样品状态：湿润			试验条件	温度：24℃；湿度：57% RH
检测依据	JTG E41—2005			判定依据	JTG E41—2005
主要仪器设备名称及编号	电子天平（×××）、电热恒温干燥箱（×××）、电脑式伺服控制材料试验机（×××）、游标卡尺（×××）、全自动真空饱水机（×××）、全自动双刀岩石芯样切割机（×××）				

试件类型：圆柱体

类别	试件序号	试件尺寸						受压面积 A (mm²)	破坏荷载 P (N)	单轴抗压强度 R (MPa)	
		顶面直径 d_1 (mm)	顶面面积 S_1 (mm²)	底面直径 d_2 (mm)	底面面积 S_2 (mm²)	高度 H (mm)				单值	平均值
烘干单轴抗压强度 R_d	1	50.0	1 962.50	51.0	2 041.78	101.0		2 002.14	97 103.79	48.5	47.5
	2	50.0	1 962.50	50.0	1 962.50	100.1		1 962.50	91 256.25	46.5	
	3	51.0	2 041.78	50.0	1 962.50	101.0		2 002.14	95 101.65	47.5	
饱和单轴抗压强度 R_w	1	51.0	2 041.78	49.0	1 884.78	100.0		1 963.28	83 439.40	42.5	41.5
	2	50.0	1 962.50	51.0	2 041.78	99.1		2 002.14	81 086.67	40.5	
	3	51.0	2 041.78	50.0	1 962.50	101.0		2 002.14	83 088.81	41.5	
软化系数 η	—									—	

附加声明

检测：　　　　　　记录：　　　　　　复核：　　　　　　日期：　　年　月　日

附录2　水运试验检测记录表及检测类报告应用实例

第1页,共1页

岩石单轴抗压强度试验检测报告

BSYQ03001F

检测单位名称(专用章):×××检测中心　　　　报告编号:BG04.0001-2018

委托单位	×××工程有限公司	工程名称	×××工程
工程部位/用途	×××		
样品信息	来样时间:2018年08月23日;样品名称:砂岩;样品编号:04.180001;样品数量;100kg;样品状态:湿润		
检测依据	JTG E41—2005	判定依据	设计文件(施工图设计)
主要仪器设备名称及编号	电脑式伺服控制材料试验机(×××)、电子天平(×××)、游标卡尺(×××)、电热恒温干燥箱(×××)、全自动双刀岩石芯样切割机(×××)、全自动真空饱水机(×××)		
检测日期	2018年08月24日—2018年08月27日	产地	×××
委托编号	0420180823003	种类	砂岩
检测类别	见证取样	进场日期	2018年08月21日

检测项目		技术要求	单位	烘干强度	烘干强度平均值	饱和强度	饱和强度平均值	软化系数
单轴抗压强度	1	40	MPa	48.6	47.5	42.6	41.5	0.87
	2			46.5		40.5		
	3			47.5		41.5		

检测结论:经检测,该岩石单轴抗压强度符合设计要求,软化系数为0.87。

附加声明:
抽样单位:×××　　　　　　　　　抽样人:×××
见证单位:×××　　　　　　　　　见证人:×××
报告无本单位"检测专用章"无效;报告签名不全无效;报告改动、换页无效;本样品由委托方提供,报告结果仅适用于接收到的样品;未经本单位批准,不得部分复制本报告;若对本报告有异议,应于收到报告×个工作日内向本单位提出书面复议申请,逾期不予受理。

地址:　　　　　　　　电话:　　　　　　　　传真:

检测:　　　审核:　　　批准:　　　　　　　　　　日期:　　年　　月　　日

水泥胶砂强度试验检测记录表

第1页,共1页
JSYQ04001

检测单位名称:×××检测中心　　　　　　　　　　　　　　　　　　　　　记录编号:JL01.180001-1

工程名称	—
工程部位/用途	—
样品信息	来样时间:2018年08月20日;样品名称:水泥;样品编号:01.180001;样品数量:12kg;样品状态:无结块

检测日期	2018年08月21日—2018年09月18日	检测条件	温度:20℃;湿度:56%RH
检测依据	GB/T 17671—1999	判定依据	GB 175—2007
主要仪器设备名称及编号	恒应力压力机(×××)、电动抗折试验机(×××)、水泥胶砂振实台(×××)、行星式胶砂搅拌机(×××)、电子天平(×××)、标准恒温恒湿养护箱(×××)		

加水时间	2018 年 08 月 21 日 09:30										
破型时间	2018年08月24日09:36						2018年09月18日09:45				
龄期	3d						28d				
抗折强度	单个强度(MPa)	5.5		5.8		5.7		8.2		8.2	8.3
	平均值(MPa)	5.7						8.2			
抗压强度	破坏荷载(kN)	45.4	43.7	44.6	46.7	46.9	45.9	79.7	80.5	82.2	80.8	80.3	79.7
	单个强度(MPa)	28.4	27.3	27.9	29.2	29.3	28.7	49.8	50.3	51.4	50.5	50.2	49.8
	平均值(MPa)	28.5						50.3				

附加声明:

检测:　　　记录:　　　复核:　　　　　　　　　　　日期:　　年　　月　　日

附录2 水运试验检测记录表及检测类报告应用实例

第 1 页,共 1 页
JSYQ04002a
JSYQ04003
JSYQ04004a
JSYQ04014

水泥安定性(标准法)、凝结时间、标准稠度用水量(标准法)、细度试验检测记录表

记录编号:JL01.180001-2

检测单位名称:×××检测中心														
工程名称														
工程部位/用途														
样品信息	来样时间:2018年08月20日;样品名称:水泥;样品编号:01.180001;样品数量:12kg;样品状态:无结块													
检测日期	2018年08月22日								检测条件			温度:20℃;湿度:56% RH		
检测依据	GB/T 1346—2011								判定依据			GB 175—2007		
主要仪器设备名称及编号	维卡仪(×××)、水泥净浆搅拌机(×××)、雷氏夹测定仪(×××)、沸煮箱(×××)、电子天平(×××)													

标准稠度用水量				加水时间:					凝结时间					
计算标准稠度(%)	用水量(mL)	试杆下沉距底板深度(mm)		序号	测定时间		试杆下沉距底板深度(mm)	累计时间(min)	序号	测定时间		试针下沉距底板深度(mm)	累计时间(min)
					时	分				时	分		
28.0	140.0	7		1	09	52	0	—	1	13	06	有痕迹	—
				2	10	22	0	—	2	13	21	有痕迹	—
		平均值		3	10	52	0	—	3	13	26	有痕迹	—
细度(负压筛析法)				4	11	22	0	—	4	13	30	无痕迹	—
筛余物(g)	修正系数	检验结果(%)		5	11	52	0	—	5	13	31	无痕迹	—
—	—	—		6	12	22	1	—	6	13	31	无痕迹	—
	安定性			7	12	37	1	—	7	—	—	—	—
饼法	试件 1	试件 2		8	12	42	2	—	8	—	—	—	—
—	—	—		9	12	46	3	—	9	—	—	—	—
雷氏法	试件 1	试件 2	两试件差值	10	12	46	3	—	10	—	—	—	—
A1	C1	C1-A1	A2	C2	C2-A2				11	—	—	—	—	11	—	—	—	—
10.0	12.0	2.0	10.0	13.0	3.0	1.0			平均膨胀值 2.5	初凝时间 204 min				终凝时间 248 min
检测结果	合格													

附加声明:

检测: 记录: 复核: 日期: 年 月 日

第1页,共1页
JSYQ04005
JSYQ04006
JSYQ04013
记录编号:JL01.180001-3

水泥胶砂流动度、密度、比表面积试验检测记录表

检测单位名称:×××检测中心								
工程名称	×××							
工程部位/用途	—							
样品信息	来样时间:2018年08月20日;样品名称:水泥;样品编号:01.180001;样品数量:12kg;样品状态:无结块							
检测日期	2018年08月23日			检测条件	温度:20℃;湿度:41%RH			
检测依据	GB/T 208—2014、GB/T 8074—2008			判定依据	GB 175—2007			
主要仪器设备名称及编号	电动勃氏透气比表面积测定仪(×××)、李氏瓶(×××)、电热恒温水浴(×××)、电子天平(×××)							
实际用水量(mL)	—			水泥胶砂流动度				
				直径D_1(mm)	—	直径D_2(mm)	—	平均值(mm) —

比表面积								
项目	样品质量(g)	K	ρ(g/cm³)	V(cm³)	M(g)	ε	T(s)	试验温度(℃)	S(m²/kg)	平均值S(m²/kg)
S1	60.03	2.0418	3.05	1.860	2.666	0.53	101.2		353	353
S2	60.07	2.0418	3.05	1.860	2.666	0.53	100.6		353	

密度(g/cm³)				
	初始读数 A (mL)	第二次读数 B (mL)	ρ (g/cm³)	平均值ρ(g/cm³)
	0.1	19.8	3.05	3.05
	0.5	20.2	3.05	

附加声明:

检测: 记录: 复核: 日期: 年 月 日

附录2 水运试验检测记录表及检测类报告应用实例

水泥三氧化硫、氧化镁试验检测记录表

第1页,共1页
JSYQ04011
JSYQ04012

记录编号:JL01.180001-4

检测单位名称:×××检测中心

工程名称		—
工程部位/用途		—
样品信息	来样时间:2018年08月20日;样品名称:水泥;样品编号:01.180001;样品数量:12kg;样品状态:无结块	
检测日期	2018年08月24日	检测条件	温度:20℃;湿度:52%RH
检测依据	GB/T 176—2008	判定依据	GB 175—2007
主要仪器设备名称及编号	滴定设备(×××)、电子天平(×××)、箱式电阻炉(×××)	

氧化镁含量(%)

序号	EDTA对MgO的滴定度(mg/mL)	试样质量(g)	测定氧化钙时消耗EDTA溶液的体积(mL)	滴定钙、镁时消耗EDTA的体积(mL)	试料质量(g)	W(MgO)(%)	平均(%)
空白	0.6276	—	0.5	0.5	—	—	—
1	0.6276	0.5003	33.10	36.00	0.5000	3.64	3.64
2	0.6276	0.5007	32.90	35.80	0.4999	3.64	

SO₃含量(%)

序号	坩埚质量(g)	灼烧后坩埚+试样质量(g)	灼烧后试样质量(g)	SO₃(%)	平均(%)
空白	34.0119	34.0124	0.0005	—	—
1	34.1355	34.1669	0.0314	2.11	2.11
2	34.1346	34.1660	0.0314	2.11	

附加声明:

检测:　　　　　记录:　　　　　复核:　　　　　日期:　　　年　　月　　日

水泥碱含量(火焰光度法)、不溶物、烧失量试验检测记录表

第1页,共1页
JSYQ04008a
JSYQ04009
JSYQ04010

记录编号:JL01.180001-5

检测单位名称:×××检测中心									
工程名称	×××								
工程部位/用途	—								
样品信息	来样时间:2018年08月20日;样品名称:水泥;样品编号:01.180001;样品数量:12kg;样品状态:无结块								
检测日期	2018年08月24日					检测条件	温度:20℃;湿度:52%RH		
检测依据	GB/T 176—2008					判定依据	GB 175—2007		
主要仪器设备名称及编号	电子天平(×××),火焰光度计(×××),钠离子浓度计(×××),滴定设备(×××),箱式电阻炉(×××)								

碱含量(%)

序号	试料的质量(g)	钾离子仪器显示值	氧化钾的含量(mg)	钠离子仪器显示值	氧化钠的含量(mg)	扣除空白试验值后100mL测定溶液中氧化钾的百分数(%)	扣除空白试验值后100mL测定溶液中氧化钠的质量百分数(%)	总碱量(%)	平均值(%)	总碱量平均值(%)
空白试验	—	0.1	0.0	0.1	0.0			—	—	—
1	0.2034	6.1	0.6	3.2	0.3	0.295	0.147	0.34	0.34	0.34
2	0.2034	6.1	0.6	3.2	0.3	0.295	0.147	0.34		

不溶物(%)

序号	试样质量(g)	坩埚质量(g)	灼烧后坩埚+不溶物质量(g)	灼烧后不溶物质量(g)	不溶物(%)	平均值(%)
空白	—	34.0157	34.0159	0.0002	—	—
1	1.0003	34.0076	34.0123	0.0047	0.45	0.45
2	1.0007	34.0108	34.0155	0.0047	0.45	

烧失量(%)

序号	试样质量(g)	坩埚质量(g)	灼烧后坩埚+试样质量(g)	灼烧后试样质量(g)	烧失量(%)	平均值(%)
1	1.0006	34.0058	34.9880	0.9820	1.84	1.84
2	1.0004	34.0042	34.9862	0.9820	1.84	

附加声明:

检测: 记录: 复核: 日期: 年 月 日

水泥试验检测报告

BSYQ04001F

检测单位名称(专用章):×××检测中心　　　　　报告编号:BG01.0001-2018

委托单位	×××工程有限公司			工程名称	×××工程
工程部位/用途	×××				
样品信息	来样时间:2018年08月20日;样品名称:水泥;样品编号:01.180091;样品数量:12kg;样品状态:干燥、无结块				
检测依据	GB/T 17671—1999、GB/T 208—2014、GB/T 176—2008、GB/T 8074—2008、GB/T 1346—2011			判定依据	GB 175—2007
主要仪器设备名称及编号	恒应力压力机(×××)、行星式胶砂搅拌机(×××)、沸煮箱(×××)、水泥胶砂振实台(×××)、维卡仪(×××)、水泥净浆搅拌机(×××)、雷氏夹测定仪(×××)、电子天平1(×××)、电子天平2(×××)、勃氏透气比表面积测定仪(×××)、电动抗折试验机(×××)、火焰光度计(×××)、滴定设备(×××)、箱式电阻炉(×××)、标准恒温恒湿养护箱(×××)				
检测日期	2018年08月21日—2018年09月18日	品种等级	P·O 42.5	生产厂家	×××水泥有限公司
委托编号	0120180820001	厂牌	—	代表数量(t)	500
检测类别	见证取样	质量证明编号	—	出厂日期	2018年08月11日

		检测参数	技术要求	检测结果
物理性能		标准稠度(%)	—	28.0
		安定性值(mm)	≤5.0	2.5
	凝结时间	初凝(min)	不小于45	204
		终凝(min)	不大于600	248
	细度	比表面积(m^2/kg)	≥300	353
		80μm筛筛余量(%)	不大于10%	—
胶砂强度	抗折强度(MPa)	3d	≥3.5	5.7
		28d	≥6.5	8.2
	抗压强度(MPa)	3d	≥17.0	28.5
		28d	≥42.5	50.3
化学成分		氧化镁(%)	≤5.0	3.64
		硫酸盐三氧化硫(%)	≤3.5	2.11
		烧失量(%)	≤5.0	1.84
		碱含量(%)	≤0.6	0.34
		不溶物(%)	—	0.45

检测结论:经检测,该水泥样品所检参数符合GB 175—2007中P·O 42.5的技术要求。

附加声明:
抽样单位:×××　　　　　　　　　抽样人:×××
见证单位:×××　　　　　　　　　见证人:×××
报告无本单位"检测专用章"无效;报告签名不全无效;报告改动、换页无效;本样品由委托方提供,报告结果仅适用于接收到的样品;未经本单位批准,不得部分复制本报告;若对本报告有异议,应于收到报告×个工作日内向本单位提出书面复议申请,逾期不予受理。

地址:　　　　　　电话:　　　　　　传真:

检测:　　审核:　　批准:　　　　　　　　　　　日期:　　年　　月　　日

第1页,共1页

水泥混凝土轴心抗压强度试验检测记录表

JSYQ05009

检测单位名称:×××检测中心　　　　　　　　　　　　　　　　　　　　　　　　　记录编号:JL02.180001

工程名称	—	工程部位/用途	—
样品信息	来样时间:2018年06月07日;样品名称:混凝土轴心抗压样品;样品编号:02.180001;样品数量:3块;样品状态:完整无破损、无油污;强度等级:C20;成型日期:2018年05月19日		
试验检测日期	2018年06月16日	试验条件	温度:21℃;湿度:60%RH
检测依据	JTJ 270—98	判定依据	JTJ 270—98
主要仪器设备名称及编号	电液式压力试验机(×××)、钢直尺(×××)		

试件分样号	试件尺寸 长×宽×高 (mm×mm×mm)	承压面积 A 长×宽 (mm×mm)	破坏荷载 F(kN)	单块抗压强度 F/A (MPa)	换算成标准试件的抗压强度 (MPa)	抗压强度平均值 (MPa)	达到设计强度标准值的百分比 (%)
1	150×150×300	150×150	478.7	21.3	21.3		
2	150×150×300	150×150	468.3	20.8	20.8	21.2	106
3	150×150×300	150×150	483.6	21.5	21.5		

附加声明:

检测:　　　　记录:　　　　复核:　　　　　　　　　　　　　　日期:　　年　　月　　日

第1页,共1页

水泥混凝土轴心抗压强度试验检测报告

BSYQ05001F

检测单位名称(专用章):×××检测中心　　　　　　　　报告编号:BG02.0001-2018

委托单位	×××工程有限公司	工程名称	×××工程
工程部位/用途	×××		
样品信息	来样时间:2018年06月07日;样品名称:混凝土轴心抗压样品;样品编号:02.180001;样品数量:3块;样品状态:完整无破损、无油污;设计强度等级:C20;成型日期:2018年05月19日		
检测依据	JTJ 270—98	判定依据	设计文件
主要仪器设备名称及编号	电液式压力试验机(×××)、钢直尺(×××)		

混凝土技术条件										
设计强度等级	配合比报告编号	配合比	水胶比	水泥胶结材料用量(kg/m^3)	坍落度(mm)	含气量(%)	外加剂		掺和料	
							品种	—	品种	—
C20	—	—	—	—	—	—	掺量(%)	—	掺量(kg/m^3)	—

检验结果								
试件编号	试件尺寸(mm)	养护条件	成型日期	试验日期	龄期(d)	抗压强度(MPa)	平均强度(MPa)	达到设计强度等级标准值的百分比(%)
02.180001	150×150×300	标准养护	2018.05.19	2018.06.16	28	21.3	21.2	106
						20.8		
						21.5		

检测结论:经检测,该组混凝土试件轴心抗压强度为21.2MPa,满足设计要求。

附加声明:成型日期由委托方提供。
　抽样单位:×××　　　　　　　　抽样人:×××
　见证单位:×××　　　　　　　　见证人:×××
　报告无本单位"检测专用章"无效;报告签名不全无效;报告改动、换页无效;本样品由委托方提供,报告结果仅适用于接收到的样品;未经本单位批准,不得部分复制本报告;若对报告有异议,应于收到报告×个工作日内向本单位提出书面复议申请,逾期不予受理。

地址:　　　　　　　电话:　　　　　　　传真:

检测:　　　审核:　　　批准:　　　　　　　　　　日期:　　年　月　日

第1页,共1页

水 pH 值、不溶物、可溶物试验检测记录表

JSYQ06001
JSYQ06003
JSYQ06004

检测单位名称:×××检测中心　　　　　　　　　　　　　　　记录编号:JL19.180001-1

工程名称	—			
工程部位/用途	—			
样品信息	来样时间:2018年06月13日;样品名称:×××自来水;样品编号:19.180001;样品数量:2L;样品状态:澄清、液体			
试验检测日期	2018年06月14日	试验条件	温度:23℃;湿度:60%RH	
检测依据	JGJ 63—2006、GB 6920—1986、GB 11901—1989、GB/T 5750.4—2006、GB 11896—1989	判定依据	JTS 202—2011	
主要仪器设备名称及编号	电子天平(×××)、标准恒温水浴(×××)、全玻璃微孔过滤器(×××)、数字酸度计(×××)、电热恒温干燥箱(×××)			
检测结果				
pH 值	6.8			
不溶物测定	滤膜质量+称量瓶质量(g)	滤膜+称量瓶+不溶物质量(g)	水样体积(mL)	不溶物(mg/L)
	36.5151	36.5286	100	135
可溶物测定	蒸发皿质量(g)	蒸发皿及溶解性总固体质量(g)	水样体积(mL)	可溶物(mg/L)
	71.7312	71.7550	100	238
附加声明:				

检测:　　　记录:　　　复核:　　　　　　　　　日期:　　年　　月　　日

附录2 水运试验检测记录表及检测类报告应用实例

第1页,共1页

水氯离子、硫酸盐试验检测记录表

JSYQ06002
JSYQ06005

检测单位名称:×××检测中心

记录编号:JL19.180001-2

工程名称	—
工程部位/用途	—
样品信息	来样时间:2018年06月13日;样品名称:×××自来水;样品编号:19.180001;样品数量:2L;样品状态:澄清、液体
试验检测日期	2018年06月14日	试验条件	温度:23℃;湿度:60%RH
检测依据	GB 11899—1989	判定依据	JTS 202—2011
主要仪器设备名称及编号	电子天平(×××)、标准恒温水浴(×××)、滴定设备(×××)、电热恒温干燥箱(×××)

检测结果

硫酸盐测定	从试料中沉淀出的硫酸钡质量(g)	试料的体积(mL)	水样中 SO_4^{2-} 含量(mg/L)		
	0.012 4	200	25.5		
氯化物测定	蒸馏水消耗硝酸银标准溶液量(mL)	试样消耗硝酸银标准溶液量(mL)	硝酸银标准溶液浓度(mol/L)	试样体积(mL)	氯化物含量(mg/L)
	0.20	1.58	0.014 1	50	13.81

附加声明:

检测:　　　　记录:　　　　复核:　　　　　　　　　　　　　日期:　　年　月　日

第1页,共1页

水试验检测报告

BSYQ06001F

检测单位名称(专用章):×××检测中心　　　　　　　　　　　报告编号:BG19.0001-2018

委托单位	×××工程有限公司	工程名称	×××工程
工程部位/用途	×××		
样品信息	来样时间:2018年06月13日;样品名称:××自来水;样品编号:19.180001;样品数量:5L;样品状态:澄清、液体		
检测依据	JGJ 63—2006、GB 6920—1986、GB 11901—1989、GB/T 5750.4—2006、GB 11896—1989、GB 11899—1989	判定依据	JTS 202—2011
主要仪器设备名称及编号	电子天平(×××)、标准恒温水浴(×××)、全玻璃微孔过滤器(×××)、数字酸度计(×××)、电热恒温干燥箱(×××)		
检测日期	2018年06月14日	水源类别	×××
委托编号	1920180613001	检验条件	温度:21℃;相对湿度:60%RH
检测类别	见证取样	代表数量	—

序号	检测项目	计量单位	技术要求		检测结果
			钢筋混凝土、预应力混凝土	素混凝土	
1	pH值	—	>5.0	>4.5	6.8
2	不溶物	mg/L	<2 000	<5 000	135
3	可溶物	mg/L	<2 000	<5 000	238
4	氯化物(以Cl^-计)	mg/L	<200	<2 000	13.81
5	硫酸盐(以SO_4^{2-}计)	mg/L	<600	<2 200	25.5

检测结论:经检测,该水样所检参数符合规范JTS 202—2011中钢筋混凝土、预应力混凝土及素混凝土的要求。

附加声明:
　　抽样单位:×××　　　　抽样人:×××
　　见证单位:×××　　　　见证人:×××
　　报告无本单位"检测专用章"无效;报告签名不全无效;报告改动、换页无效;本样品由委托方提供,报告结果仅适用于接收到的样品;未经本单位批准,不得部分复制本报告;若对本报告有异议,应于收到报告×个工作日内向本单位提出书面复议申请,逾期不予受理。

地址:　　　　　　　　　电话:　　　　　　　　　传真:

检测:　　　审核:　　　批准:　　　　　　　　　　　　　日期:　　年　　月　　日

附录2 水运试验检测记录表及检测类报告应用实例

第1页,共1页

外加剂钢筋锈蚀试验、pH值试验检测记录表

JSYQ07010
JSYQ07023

检测单位名称:×××检测中心　　　　　　　　　　　　　　　　　　　　记录编号:JL15.18001

工程名称	—			
工程部位/用途	—			
样品信息	来样时间:2018年08月23日;样品名称:聚羧酸系标准型高性能减水剂;样品编号:15.180001;样品数量:5L;样品状态:浅黄色液体			
试验检测日期	2018年08月25日—2018年09月02日	试验条件	温度:23℃;湿度:56%RH	
检测依据	GB/T 8077—2012	判定依据	GB 8076—2008	
主要仪器设备名称及编号	数字酸度计(×××)、钢筋锈蚀仪(×××)			
pH值	序号	测试值	平均值	
	1	5.24	5.24	
	2	5.24		
钢筋锈蚀试验				
锈蚀时间(min)	2	6	10	15
电位(mV) 1	124	609	629	624
2	126	611	625	622
3	122	611	625	620
平均值	124	610	626	622

阳极极化电位-时间曲线

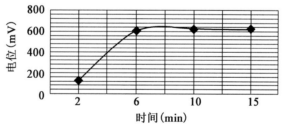

附加声明:

检测:　　　　记录:　　　　复核:　　　　　　　　　　　　　　日期:　　年　月　日

外加剂氯离子含量试验检测记录表

JSYQ07024a

检测单位名称：×××检测中心　　　　　　　　　　　　　　　　　　　　　　　　　记录编号：JL15.18001

工程名称	—						
工程部位/用途	—						
样品信息	来样时间:2018年08月23日；样品名称:聚羧酸系标准型高性能减水剂；样品编号:15.180001；样品数量:5L；样品状态:浅黄色液体						
试验检测日期	2018年08月28日			试验条件		温度:21℃；湿度:52%RH	
检测依据	GB/T 8077—2012			判定依据		GB 8076—2008	
主要仪器设备名称及编号	电子天平(×××)、自动电位滴定仪(×××)、电热恒温干燥箱(×××)						
空白试验及硝酸银的标定							
加10mL的0.100 0mol/L氯化钠				加20mL的0.100 0mol/L氯化钠			
滴加硝酸银的体积 V_{01}(mL)	电势 E (mV)	$\Delta E/\Delta V$ (mV/mL)	$\Delta E^2/\Delta V^2$ (mV/mL)^2	滴加硝酸银的体积 V_{02}(mL)	电势 E (mV)	$\Delta E/\Delta V$ (mV/mL)	$\Delta E^2/\Delta V^2$ (mV/mL)^2
11.11	238	—	—	21.08	246	—	—
11.21	251	130	—	21.18	257	110	—
11.31	264	130	0	21.28	269	120	100
11.41	278	140	100	21.38	278	90	−300
V_{01}(mL)	11.21	V_{02}(mL)	21.21	C_{AgNO_3}(mol/L)		0.100 1	
称取外加剂 m(2.0174g)，用硝酸银溶液滴定							
滴加硝酸银的体积 V_1(mL)	电势 E (mV)	$\Delta E/\Delta V$ (mV/mL)	$\Delta E^2/\Delta V^2$ (mV/mL)^2	滴加硝酸银的体积 V_2(mL)	电势 E (mV)	$\Delta E/\Delta V$ (mV/mL)	$\Delta E^2/\Delta V^2$ (mV/mL)^2
12.16	248	—	—	21.33	254	—	—
12.26	259	110	—	21.43	263	90	—
12.36	273	140	300	21.53	275	120	300
12.45	285	120	−200	21.63	286	110	−100
V_1(mL)	12.32	V_2(mL)	21.51	V(mL)	0.71	X_{CL^-}(%)	0.12

附加声明：

检测：　　　　记录：　　　　复核：　　　　　　　　　　　　　日期：　　年　　月　　日

附录2 水运试验检测记录表及检测类报告应用实例

外加剂减水率、坍落度增加保留及损失值、抗压强度比试验检测记录表

检测单位名称：×××检测中心

第1页，共1页
记录编号：JL15.18001
JSYQ07001
JSYQ07015
JSYQ07009

工程名称	—	工程部位/用途	—
样品信息	来样时间：2018年08月23日；样品名称：聚羧酸系标准型高性能减水剂；样品编号：15.18001；样品数量：5L；样品状态：浅黄色液体；混凝土试件养护条件（温度：20℃±2℃；相对湿度>95%RH）	试验检测日期	2018年08月24日—2018年09月27日
检验依据	GB 8076—2008	试验条件	温度：24℃；湿度：57%RH
主要仪器设备名称及编号	混凝土试验搅拌机（×××），电子天平（×××），电子台秤（×××），电液式压力试验机（×××），游标卡尺（×××），秒表（×××）	判定依据	GB 8076—2008

		序号	1	2	3			
减水率	基准混凝土 W_0（kg/m³） 坍落度（mm）		235 210	235 205	235 215			
	受检混凝土 W_1（kg/m³） 坍落度（mm）		172 210	171 215	171 205			
	减水率（%）		26.8	27.2	27.2			
	减水率平均值（%）			27.1				

	序号	1	2	3
坍落度增加保留及损失值	出机时测得坍落度（mm）	210	220	200
	1h后测得坍落度（mm）	145	145	150
	增加保留及损失值（mm）	65	75	50
	平均值（mm）		65	

抗压强度比	种类	基准混凝土			受检混凝土			抗压强度比（%）
	龄期	破坏荷载（kN）	强度（MPa）	平均值（MPa）	破坏荷载（kN）	强度（MPa）	平均值（MPa）	
	1d	68.7	6.5	6.2	110.7	10.5	10.6	171
		63.8	6.1		114.9	10.9		
		63.5	6.0		109.2	10.4		
	3d	151.2	14.4	14.4	262.5	24.9	24.6	170
		150.1	14.3		254.5	24.2		
		153.9	14.6		259.2	24.6		
	7d	244.1	23.2	23.5	386.3	36.7	37.2	158
		248.9	23.6		394.9	37.5		
		251.0	23.8		392.4	37.3		
	28d	351.8	33.4	33.0	494.8	47.0	46.5	141
		345.7	32.8		484.4	46.0		
		345.4	32.8		490.9	46.6		

附加声明：基准混凝土原材料比例：水泥为360kg/m³，中砂为812kg/m³，碎石为993kg/m³，水为235kg/m³，外加剂掺量为1.2%，搅拌使用材料均为干材料。

检测： 记录： 复核： 日期： 年 月 日

《公路水运试验检测数据报告编制导则》释义手册

检测单位名称：×××检测中心

第1页，共1页
JSYQ07019
JSYQ07021
JSYQ07029
记录编号：JL15.18001

外加剂含固量、密度、水泥净浆流动度试验检测记录表

工程名称	—	工程部位/用途	—	试验检测日期	2018年08月24日—2018年08月27日
样品信息	来样时间：2018年08月23日；样品名称：减水剂；样品编号：15.180001；样品数量：5L；样品状态：浅黄色液体			试验条件	温度：22℃；湿度：53%RH
检验依据	GB/T 8077—2012		判定依据	GB 8076—2008	
主要仪器设备名称及编号	水泥净浆搅拌机（×××）、水泥胶砂流动跳桌（×××）、比重计（×××）、电子天平（×××）、烘箱（×××）、高低温恒温水浴（×××）、秒表（×××）				

含固量（%）	序号	称量瓶 m_0 (g)	试样及称量瓶 m_1 (g)	烘干后试样及称量瓶 m_2 (g)	X固(%)	平均值(%)
	1	17.9122	21.4027	18.9156	28.75	28.22
	2	17.9101	20.3326	18.5807	27.68	

密度(g/mL)	测试温度(℃)	序号	波美比重计读数	精密密度计读数(1.0～1.1)	密度值(g/mL)	平均值(g/mL)
	20.2	1	1.025	1.028	1.028	1.028
	20.4	2	1.025	1.027	1.027	

水泥净浆流动度(mm)	序号	流动度(mm)	平均值(mm)	流动度平均值(mm)
	1	226	224	223
		222		
	2	223	222	
		221		

附加声明：水泥净浆流动度用水量为87g，水泥为基准水泥，外加剂掺量为1%。

检测：　　　　　　记录：　　　　　　复核：　　　　　　日期：　　年　月　日

第1页,共1页

外加剂试验检测报告(一)

BSYQ07001F

检测单位名称(专用章):×××检测中心　　　报告编号:BG15.0001-2018

委托单位	×××工程有限公司		工程名称	×××工程	
工程部位/用途	×××				
样品信息	来样时间:2018年08月23日;样品名称:聚羧酸系标准型高性能减水剂;样品编号:15.180001;样品数量:5L;样品状态:浅黄色液体				
检测依据	GB 8076—2008、GB/T 8077—2012、JTJ 270—98		判定依据	GB 8076—2008	
主要仪器设备名称及编号	数字酸度计(×××)、电子台秤(×××)、钢筋锈蚀仪(×××)、比重计(×××)、电子天平(×××)、自动电位滴定仪(×××)、电热恒温干燥箱(×××)、电液式压力试验机(×××)、水泥净浆搅拌机(×××)、水泥胶砂流动跳桌(×××)、高低温恒温水浴(×××)				
检测日期	2018年08月24日—2018年09月27日		类型	标准型高性能减水剂	生产厂家	××公司
委托编号	1520180823001		生产批号	201805329	出厂日期	2018年08月18日
检测类别	见证取样		代表数量(t)	50	进场日期	2018年08月20日

	检验项目		技术要求	检验结果
外加剂匀质性检验	密度(g/cm³)		1.04±0.02	1.028
	含固量(%)		25.0~30.0	28.22
	pH值		7.0±2.0	5.24
	氯离子含量(%)		≤0.2	0.12
	水泥净浆流动度(mm)		—	223
混凝土性能检验	减水率(%)		≥25	27.1
	抗压强度比(%)	1d	≥170	171
		3d	≥160	170
		7d	≥150	158
		28d	≥140	141
	1h经时变化量	坍落度(mm)	≤80	65
	钢筋锈蚀		无锈蚀	无锈蚀

检测结论:经检测,该样品所检项目符合GB 8076—2008标准中标准型高性能减水剂要求。

附加声明:
　抽样单位:×××　　　　　抽样人:×××
　见证单位:×××　　　　　见证人:×××
　报告无本单位"检测专用章"无效;报告签名不全无效;报告改动、换页无效;本样品由委托方提供,报告结果仅适用于接收到的样品;未经本单位批准,不得部分复制本报告;若对本报告有异议,应于收到报告×个工作日内向本单位提出书面复议申请,逾期不予受理。
　地址:　　　　　电话:　　　　　传真:

检测:　　　审核:　　　批准:　　　　　　日期:　　年　月　日

第1页,共1页
JSYQ08001
JSYQ08002

掺和料细度及均匀性、烧失量试验检测记录表

检测单位名称:×××检测中心　　　　　　　　　　　　　　　记录编号:JL13.180001-1

工程名称	×××				
工程部位/用途	×××				
样品信息	来样时间:2018年08月23日;样品名称:粉煤灰;样品编号:13.180001;样品数量:20kg;样品状态:散装、粉末、褐色、无结块				
试验检测日期	2018年08月24日		试验条件		温度:23℃; 湿度:60%RH
检测依据	GB/T 1345—2005 GB/T 176—2008		判定依据		GB/T 1596—2017
主要仪器设备名称及编号	电子天平1(×××)、负压筛析仪(45μm)(×××)、恒温烘箱(×××)、箱式电阻炉(×××)、电子天平2(×××)				

细度	试样质量 W (g)	筛余物质量 R_t (g)	修正系数	筛余百分数 (%)	平均筛余百分数 (%)
	10.06	1.52	1.10	16.6	16.6
	10.03	1.51	1.10	16.6	

均匀性	单一样品细度(%)	10个样品细度平均值(%)	偏差(%)
	—	—	—

烧失量	坩埚质量 (g)	坩埚+试样质量(g)	试样质量 (g)	灼烧后坩埚+试样质量 (g)	灼烧后试样质量 (g)	烧失量 (%)	平均 (%)
	34.0058	35.0066	1.0008	34.9689	0.9631	3.77	3.76
	34.0042	35.0045	1.0003	34.9669	0.9627	3.76	

附加声明:

检测:　　　　记录:　　　　复核:　　　　　　　　　　　　　日期:　　年　月　日

第1页,共1页
JSYQ08003
JSYQ08004
JSYQ08005

掺和料需水量比、三氧化硫、含水率试验检测记录表

检测单位名称:×××检测中心　　　　　　　　　　　　　　　　记录编号:JL13.180001-2

工程名称	—				
工程部位/用途	—				
样品信息	来样时间:2018年08月23日;样品名称:粉煤灰;样品编号:13.180001;样品数量:20kg;样品状态:散装、粉末、褐色、无结块				
试验检测日期	2018年08月24日		试验条件		温度:23℃;湿度:60%RH
检测依据	GB/T 1596—2017 GB/T 176—2008		判定依据		GB/T 1596—2017
主要仪器设备名称及编号	电子天平1(×××)、流动度跳桌(×××)、行星式胶砂搅拌机(×××)、恒温烘箱(×××)、箱式电阻炉(×××)、电子天平2(×××)、滴定设备(×××)				

需水量比	试验胶砂		对比胶砂		需水量比 X (%)
	加水量 m (g)	流动度 (mm)	加水量 m (g)	流动度 (mm)	
	126	145	125	145	101

含水率	烘干前试样质量 m_1 (g)		烘干后试样质量 m_2 (g)		含水率 w (%)
	50.02		49.64		0.8

三氧化硫	序号	试样质量 (g)	坩埚质量 (g)	灼烧后坩埚+试样质量 (g)	灼烧后试样质量 (g)	三氧化硫 (%)	平均 (%)
	空白	—	34.0120	34.0124	0.0005	—	—
	1	0.5003	34.1355	34.1669	0.3140	2.11	2.11
	2	0.5007	34.1346	34.1660	0.3140	2.11	

附加声明:

检测:　　　　记录:　　　　复核:　　　　　　　　　　日期:　　年　月　日

第1页,共1页

掺和料试验检测报告(一)

BSYQ08001F

检测单位名称(专用章):×××检测中心　　　　　　　　　　　　报告编号:BG13.0001-2018

委托单位	×××工程有限公司	工程名称	×××工程
工程部位/用途	×××		
样品信息	来样时间:2018年08月23日;样品名称:粉煤灰;样品编号:13.180001;样品数量:20kg;样品状态:散装、粉末、褐色、无结块		
检测依据	GB/T 1596—2017、GB/T 1345—2005 GB/T 176—2008	判定依据	GB/T 1596—2017
主要仪器设备名称及编号	电子天平1(×××)、流动度跳桌(×××)、负压筛析仪(45μm)(×××)、行星式胶砂搅拌机(×××)、恒温烘箱(×××)、箱式电阻炉(×××)、电子天平2(×××)、滴定设备(×××)		
检测日期	2018年08月24日	等级	Ⅱ级	生产厂家	××公司
委托编号	1320180823001	生产批号	—	代表数量(t)	20
检测类别	见证取样	出厂日期	2018年08月21日	进场日期	2018年08月22日

检测项目	技术要求			检验结果
	Ⅰ级	Ⅱ级	Ⅲ级	—
细度(%)	≤12.0	≤30.0	≤45.0	16.6
均匀性(%)	—	—	—	—
烧失量(%)	≤5.0	≤8.0	≤10.0	3.76
需水量比(%)	≤95	≤105	≤115	101
三氧化硫(%)	≤3.0	≤3.0	≤3.0	2.11
含水率(%)	≤1.0	≤1.0	≤1.0	0.8

检测结论:经检测,该掺和料所检项目符合GB/T 1596—2017中Ⅱ级粉煤灰要求。

附加声明:
　　抽样单位:×××　　　　　　　　　　抽样人:×××
　　见证单位:×××　　　　　　　　　　见证人:×××
　　报告无本单位"检测专用章"无效;报告签名不全无效;报告改动、换页无效;本样品由委托方提供,报告结果仅适用于接收到的样品;未经本单位批准,不得部分复制本报告;若对本报告有异议,应于收到报告×个工作日内向本单位提出书面复议申请,逾期不予受理。

地址:　　　　　　　电话:　　　　　　　传真:

检测:　　审核:　　批准:　　　　　　　日期:　　年　月　日

附录2 水运试验检测记录表及检测类报告应用实例

第1页,共1页

无机结合料稳定材料压实度试验检测记录表　　JSYQ09004

检测单位名称:×××检测中心　　记录编号:JL26.180001

工程名称	×××		
工程部位/用途	×××段;检测层位:基础层;位置:X=××、Y=××;		
样品信息	抽样时间:2018年06月24日;样品名称:水泥稳定层;抽样编号:26.180001;抽样数量:1组;设计最大干密度2.09 g/cm³;设计压实度:92%		
试验检测日期	2018年06月24日	试验条件	温度:28;湿度:58%RH
检测依据	JTG E60—2008	判定依据	设计文件
主要仪器设备名称及编号	灌砂筒(×××)、烘箱(×××)、电子天平(×××)		
检测结果			
湿密度	试坑中湿土样质量(g)		4 624
	灌砂前砂+筒质量(g)		8 069
	灌满试坑后剩余砂+筒质量(g)		3 728
	圆锥体内砂质量(g)		1 188
	试坑内砂质量(g)		3 153
	量砂密度(g/cm³)		1.40
	湿密度(g/cm³)		2.05
含水率	盒号		1号
	盒质量(g)		709
	盒+湿土质量(g)		3 781
	盒+干土质量(g)		3 633
	水质量(g)		148
	干土质量(g)		2 924
	含水率(%)		5.1
取出材料干密度(g/cm³)			1.95
最大干密度(g/cm³)			2.09
压实度(%)			93.3

附加声明:

检测:　　记录:　　复核:　　日期:　年　月　日

第1页,共1页
无机结合料稳定材料压实度试验检测报告
BSYQ09001F

检测单位名称(专用章):×××检测中心　　　　　　　　　　　　报告编号:BG026.0001-2018

委托单位	×××有限公司	工程名称	×××工程
工程部位/用途		×××段;检测层位:基础层	
样品信息		抽样时间:2018年06月24日;样品名称:水泥稳定层;抽样编号:26.180001;抽样数量:1组;设计最大干密度2.09 g/cm³;设计压实度:92%	
检测依据	JTG E60—2008	判定依据	设计文件
主要仪器设备名称及编号		灌砂筒(×××)、烘箱(×××)、电子天平(×××)	
检测日期	2018年06月24日	材料种类	无机结合料
委托编号	2620180624001	检测类别	委托抽样
抽样位置		$X=×××$、$Y=×××$	

检测结果

序号	测点编号	含水率(%)	干密度(g/cm³)	压实度(%)
1	001	5.1	1.95	93.3
—	—	—	—	—
—	—	—	—	—
—	—	—	—	—
—	—	—	—	—
—	—	—	—	—

检测结论:经检测该部位压实度符合设计要求。

附加声明:
抽样单位:×××　　　　　　　　　抽样人:×××
见证单位:×××　　　　　　　　　见证人:×××
报告无本单位"检测专用章"无效;报告签名不全无效;报告改动、换页无效;本样品由委托方提供,报告结果仅适用于接收到的样品;未经本单位批准,不得部分复制本报告;若对本报告有异议,应于收到报告×个工作日内向本单位提出书面复议申请,逾期不予受理。

地址:　　　　　　　　电话:　　　　　　　　传真:

检测:　　　审核:　　　批准:　　　　　　　　　　　　日期:　　年　　月　　日

JSYQ10001
JSYQ10002
JSYQ10003

沥青软化点、延度、针入度试验检测记录表

检测单位名称：×××检测中心　　　　　　　　　　　　　　　　　记录编号：JL16.18001

工程名称	—					
工程部位/用途	—					
样品信息	来样时间：2018年09月18日；样品名称：建筑石油沥青；样品编号：16.180001；样品数量：4kg；样品状态：固态					
试验检测日期	2018年09月20日		试验条件		温度：23℃；湿度：59%RH	
检测依据	GB/T 4507—2014、GB/T 4508—2010、GB/T 4509—2010		判定依据		GB/T 494—2010	
主要仪器设备名称及编号	电脑全自动沥青针入度仪（×××）、沥青延伸度仪（×××）、电脑沥青软化点试验器（×××）					
检测项目	室温养护时间（min）	水中养护时间（min）	检测结果			
			1	2	3	平均值
针入度（25℃、100g、5s、0.1mm）	85	93	32	31	30	31
延度（25℃、5cm/min、cm）	37	88	2.5	2.8	2.8	2.8
软化点（℃）	30	—	78.4	78.8	—	78.6

附加声明：

检测：　　　　记录：　　　　复核：　　　　　　　　　　　　日期：　　年　　月　　日

第1页,共1页

沥青试验检测报告

BSYQ10001F

检测单位名称(专用章):×××检测中心　　　　报告编号:BG16.0001-2018

委托单位		×××工程有限公司	工程名称	×××工程
工程部位/用途		×××		
样品信息		来样时间:2018年09月18日;样品名称:建筑石油沥青;样品编号:16.180001;样品数量:4kg;样品状态:固态		
检测依据		GB/T 4507—2014、GB/T 4508—2010、GB/T 4509—2010	判定依据	GB/T 494—2010
主要仪器设备名称及编号		电脑全自动沥青针入度仪(×××)、沥青延伸度仪(×××)、电脑沥青软化点试验器(×××)		
检测日期	2018年09月19日	种类	建筑石油沥青	生产厂家	×××有限公司
委托编号	1620180918001	规格型号	30号	出厂日期	2018年09月15日
检测类别	见证取样	代表数量(t)	20	进厂日期	2018年09月16日

检测项目	技术要求	检测结果
针入度(25℃、100g、5s、0.1mm)	26~35	31
延度(25℃、5cm/min、cm)	不小于2.5	2.8
软化点(℃)	不低于75	78.6

检测结论:经检测,该样品所检项目符合GB/T 494—2010标准中30号建筑石油沥青要求。

附加声明:
　　抽样单位:×××　　　　　　　　抽样人:×××
　　见证单位:×××　　　　　　　　见证人:×××
　　报告无本单位"检测专用章"无效;报告签名不全无效;报告改动、换页无效;本样品由委托方提供,报告结果仅适用于接收到的样品;未经本单位批准,不得部分复制本报告;若对本报告有异议,应于收到报告×个工作日内向本单位提出书面复议申请,逾期不予受理。

地址:　　　　　　　　电话:　　　　　　　　传真:

检测:　　　审核:　　　批准:　　　　　　　　日期:　　年　月　日

混凝土 V 型仪流出时间、L 型仪流动高度比值试验检测记录表

JSYQ11002
JSYQ11003

检测单位名称：×××工程检测中心　　　　　　　　　　　　　　　　　记录编号：JL02.180002

工程名称	—
工程部位/用途	—
样品信息	来样时间：2018 年 10 月 08 日；样品名称：修补混凝土；样品编号：02.180002；样品状态：干燥、无杂质
检测日期	2018 年 10 月 09 日	检测条件	环境温度（℃）：22；相对湿度（%）：65
检测依据	JTS 311—2011	判定依据	—
主要仪器设备名称及编号	混凝土 V 型仪（×××）、混凝土 L 型仪（×××）、秒表（×××）

混凝土 V 型仪流出时间

序号	单位	混凝土流出漏斗用时	流动及阻塞情况	混凝土流出漏斗平均用时
1	s	21.0	流动通畅	
2	s	21.0	流动通畅	20.0
3	s	20.0	流动通畅	

混凝土 L 型仪流动高度比值

混凝土流出端高度 H_1（mm）	混凝土流动末端高度 H_2（mm）	混凝土 L 型仪流动高度比值 D
236	52	0.2

附加声明：

检测：　　　记录：　　　复核：　　　　　　　　　　日期：　　年　月　日

第1页,共1页

修补加固材料试验检测报告(一)

BSYQ11001F

检测单位名称(专用章):×××工程检测中心　　报告编号:BG02.0002-2018

委托单位	×××工程有限公司	工程名称	×××码头工程
工程部位/用途	×××承台修补		
样品信息	来样时间:2018年10月8日;样品名称:修补混凝土;样品编号:02.180002;样品数量:100kg;样品状态:干燥、无杂质		
检测依据	JTS 311—2011	判定依据	设计文件
主要仪器设备名称及编号	混凝土V型仪(×××)、混凝土L型仪(×××)、秒表(×××)		
检测日期	2018年10月09日	设计强度等级	C30	水胶比	0.49
委托编号	0220181008002	配合比报告编号	BG02.0111-2018	外加剂掺量(%)	2.2
检测类别	见证取样	胶结材料用量(kg/m³)	370	掺和料类型及掺量(kg/m³)	矿粉:72;粉煤灰(Ⅱ级):54

序号	检测参数	单位	技术要求	检测结果	检测结论
1	混凝土V型仪流出时间	s	—	20.0	—
2	混凝土L型仪流动高度比值	—	—	0.2	—

检测结论:经检测,该修补混凝土所检混凝土V型仪流出时间为20s,混凝土L型仪流动高度比值为0.2。

附加声明:

抽样单位:×××　　　　　　　　　　抽样人:×××

见证单位:×××　　　　　　　　　　见证人:×××

报告无本单位"检测专用章"无效;报告签名不全无效;报告改动、换页无效;本样品由委托方提供,报告结果仅适用于接收到的样品;未经本单位批准,不得部分复制本报告;若对本报告有异议,应于收到报告×个工作日内向本单位提出书面复议申请,逾期不予受理。

地址:　　　　　　　　电话:　　　　　　　　传真:

检测:　　审核:　　批准:　　　　　　　　　　日期:　　年　　月　　日

附录2 水运试验检测记录表及检测类报告应用实例

第1页,共1页
JSYQ12012
JSYQ12013

短纤针刺非织造土工布单位面积质量及偏差、厚度试验检测记录表

检测单位名称：××××检测中心　　　　　　　　　　　　　记录编号：JL06.180001-1

工程名称	—											
工程部位/用途	—											
样品信息	来样时间:2018年08月20日;样品名称:短纤针刺非织造土工布;样品编号:06.180001;样品数量:6 m^2;样品状态:卷状、干燥、无破损											
试验检测日期	2018年08月21日—2018年08月22日			试验条件				环境温度(°C):20;相对湿度(%):64				
检测依据	GB/T 13762—2009、GB/T 13761.1—2009			判定依据				GB/T 17638—2017				
主要仪器设备名称及编号	电子天平(×××)、织物厚度仪(×××)、钢直尺(×××)											

	编号	1	2	3	4	5	6	7	8	9	10	平均	变异系数
单位面积质量偏差率 (g/m^2)	试件质量(g)	4.12	4.10	4.00	4.03	4.05	4.10	3.98	3.95	4.03	4.02	—	—
	单位面积质量偏差率(g/m^2)	412	410	400	403	405	410	398	395	403	403	404	1.4
	技术要求值(g/m^2)	400						偏差值(%)				1.0	
厚度 (25cm^2,2.0kPa)(mm)		3.05	3.10	3.02	3.01	2.98	2.96	3.00	3.02	3.05	3.10	3.03	1.5
	技术要求值(mm)	3.00						偏差值(%)				1.0	

附加声明：

检测：　　　　记录：　　　　复核：　　　　　　　　　　日期：　　　年　　月　　日

第1页,共1页
JSYQ12024
JSYQ12009

短纤针刺非织造土工布拉伸强度、梯形撕裂强力试验检测记录表

检测单位名称:×××检测中心　　　　　　　　　　　　　　　　　　记录编号:JL06.180001-1

工程名称	—											
工程部位/用途	—											
样品信息	样品名称:短纤针刺非织造土工布;样品编号:06.180001;样品数量:6 m²;样品状态:卷状、无破损											
试验检测日期	2018年08月21日—2018年08月22日								试验条件		环境温度(℃):20;相对湿度(%):64	
检测依据	GB/T 15788—2017、GB/T 13763—2010								判定依据		GB/T 17638—2017	
主要仪器设备名称及编号	微机控制电子万能试验机(×××)、钢直尺(×××)											

	编号	1	2	3	4	5	6	7	8	9	10	平均	变异系数
纵向拉伸	拉力200mm(N)	3 200	3 100	3 000	3 200	3 300	—	—	—	—	—	—	—
	抗拉强度(kN/m)	16.0	15.5	15.0	16.0	16.5	—	—	—	—	—	15.8	3.6
	最大负荷下伸长率(%)	36.8	39.0	38.5	40.0	37.5	—	—	—	—	—	38	3.3
横向拉伸	拉力200mm(N)	3020	3120	3220	3150	3160	—	—	—	—	—	—	—
	抗拉强度(kN/m)	15.1	15.6	16.1	15.8	15.8	—	—	—	—	—	15.7	2.3
	最大负荷下伸长率(%)	42.0	40.0	43.2	41.5	42.0	—	—	—	—	—	42	2.8
梯形撕破强力	纵向(N)	841.2	891.2	850.2	862.3	871.2	882.1	860.2	854.1	847.5	875.4	854.5	3.4
	横向(N)	791.5	796.4	765.2	772.3	780.7	771.5	776.8	781.2	790.2	781.4	780.7	1.3
CBR顶破强力(kN)		—	—	—	—	—	—	—	—	—	—	—	—
附加声明:													

检测:　　　　记录:　　　　复核:　　　　　　　　　　　　　日期:　　年　　月　　日

附录2 水运试验检测记录表及检测类报告应用实例

短纤针刺非织造土工布有效孔径、垂直渗透系数试验检测记录表

第1页,共1页 JSYQ12015 JSYQ12016
记录编号:JL06.180001-1

检测单位名称：×××检测中心						
工程名称	—					
工程部位/用途	—					
样品信息	样品名称：短纤针刺非织造土工布；样品编号:06.180001;样品数量:6 m²;样品状态:卷状,无破损					
试验检测日期	2018年08月21日—2018年08月22日		试验条件	环境温度(℃):20;相对湿度(%):64		
检测依据	GB/T 14799—2005		判定依据	GB/T 17638—2017		
主要仪器设备名称及编号	电子天平(×××),标准振筛机(×××)					

有效孔径 O_{95}

粒径级(mm)	0.045~0.063	0.063~0.071	0.071~0.090	0.090~0.125	0.125~0.180	0.180~0.250	孔径值(mm)
过筛量(g) 1	—	6.52	3.52	—	—	—	0.080
2	—	7.12	4.12	—	—	—	
3	—	6.22	3.12	—	—	—	
4	—	6.32	3.52	—	—	—	
5	—	7.12	3.65	—	—	—	
平均	—	6.66	3.59	—	—	—	
序号	1-1	1-2	1-3	1-4	1-5		
序号	2-1	2-2	2-3	2-4	2-5		
	1.32	1.52	0.89	0.95	1.22	1.18	
序号	3-1	3-2	3-3	3-4	3-5		

垂直渗透系数（水温20.0℃）

序号	4-1	4-2	4-3	4-4	4-5	K_n平均值(mm/s)	K_{20}(mm/s)
水量 Q(mL)	—	—	—	—	—	—	—
时间 t(s)	—	—	—	—	—		
水位差 Δh(mm)	—	—	—	—	—		
面积(mm²)	—						
厚度(mm)	—						
K_n(mm/s)	—	—	—	—	—		
序号	5-1	5-2	5-3	5-4	5-5		
水量 Q(mL)	—	—	—	—	—		
时间 t(s)	—	—	—	—	—		
水位差 Δh(mm)	—	—	—	—	—		
面积(mm²)	—						
厚度(mm)	—						
K_n(mm/s)	—	—	—	—	—		

附加声明：

检测： 记录： 复核： 日期： 年 月 日

第1页,共1页

短纤针刺非织造土工布试验检测报告(一)

BSYQ12001F

检测单位名称(专用章):×××检测中心　　　　　　　　　　报告编号:BG06.0001—2018

委托单位	×××工程有限公司	工程名称	×××工程
工程部位/用途	×××		
样品信息	来样时间:2018年08月20日;样品名称:短纤针刺非织造土工布;样品编号:06.180001;样品数量:6 m²;样品状态:卷状、干燥、无破损		
检测依据	GB/T 13762—2009、GB/T 13761.1—2009、GB/T 15788—2017 GB/T 13763—2010、GB/T 14799—2005	判定依据	GB/T 17638—2017
主要仪器设备名称及编号	微机控制电子万能试验机(×××)、电子天平(×××)、织物厚度仪(×××)、钢直尺(×××)、标准振筛机(×××)		
检测日期	2018年08月21日—2018年08月22日	品种　　　短纤针刺非织造土工布	规格(kN/m)　15
委托编号	0620180820-002	质量证明编号　×××	生产厂家　×××有限公司
检测类别	见证取样	代表数量(m²)　10 000	出厂日期　×年×月×日

检测参数		检测结果				
		技术要求	试样数	平均值	偏差值(%)	变异系数
物理特性	单位面积质量偏差率(g/m²)	偏差率为400g/m²的±5%以内	10	404	1.0	1.4
	厚度(25cm², 2.0kPa)(mm)	偏差率为3.00mm的±10%以内	10	3.03	1.0	1.5
力学特性	抗拉强度(kN/m) 纵向	≥15	5	15.8	—	3.6
	抗拉强度(kN/m) 横向	≥15	5	15.7	—	2.3
	最大负荷下伸长率(%) 纵向	20~100	5	38	—	3.3
	最大负荷下伸长率(%) 横向	20~100	5	42	—	2.8
	撕破强力(kN) 纵向	≥0.40	10	0.8545	—	3.4
	撕破强力(kN) 横向	≥0.40	10	0.7807	—	1.3
	CBR顶破强力(kN)	—	—	—	—	—
水力特性	垂直渗透系数(cm/s)	$K \times 10^{-1} \sim 10^{-3}$ ($K=1.0\sim9.9$)	—			
	有效孔径 O_{95}(mm)	0.07~0.20	0.080			

检测结论:经检测,该土工合成材料所检项目满足GB/T 17638—2017中15kN/m短纤针刺非织造土工布指标要求。

附加声明:

抽样单位:×××　　　　　　　　抽样人:×××

见证单位:×××　　　　　　　　见证人:×××

报告无本单位"检测专用章"无效;报告无三级审核无效;报告改动、换页无效;本样品由委托方提供,报告结果仅适用于委托方所提供的样品;未经本单位书面授权,不得部分复制本报告或用于其他用途;若对本报告有异议,应于收到报告×个工作日内向本单位提出书面复议申请,逾期不予受理。

地址:　　　　　　　　电话:　　　　　　　　传真:

检测:　　　审核:　　　批准:　　　　　　　　　　　　日期:　　年　月　日

附录2 水运试验检测记录表及检测类报告应用实例

第1页,共1页
JSYQ13003

塑料波纹管环刚度试验检测记录表

检测单位名称:×××检测中心
记录编号:JL06.180002

工程名称	×××					
工程部位/用途	×××					
样品信息	来样时间:2018年08月26日;样品名称:塑料波纹管;样品编号:06.180096;样品数量:10 m;样品状态:干燥,无破损					
检测日期	2018年08月26日—2018年08月27日			检测条件	环境温度(℃):21;相对湿度(%):64	
检测依据	JT/T 529—2016,GB/T 9647—2015			判定依据	JT/T 529—2016	
主要仪器设备名称及编号	微机控制电子万能试验机(×××)、内径数显卡尺(×××)、钢直尺(×××)					

检测项目		试件1	试件2	试件3	试件4	试件5
环刚度	内径 d_i (mm) 实测值	89.32 89.52 89.18 89.08	89.22 89.08 89.54 89.41	89.12 89.4 89.20 89.44	89.08 89.08 89.41 89.12	89.12 89.41 89.35 89.34 89.32
	平均值	89.28	89.39	89.21	89.21	89.28
	总平均值	89.27				
	试样长度 L (mm)	299	301	303	303	301
	3%变形时的负荷(kN)	0.6643	0.6691	0.7002	0.6703	0.6724
	环刚度 (kN/m²)	16.053	16.039	16.709	15.996	16.141
	平均环刚度 S (kN/m²)	16.19				

附加声明:

检测: 记录: 复核: 日期: 年 月 日

第 1 页,共 1 页

塑料波纹管环刚度试验检测报告

BSYQ13001F

检测单位名称(专用章):×××检测中心 报告编号:BG06.0002-2018

委托单位	×××有限公司	工程名称	×××工程
工程部位/用途	×××		
样品信息	来样时间:2018 年 08 月 26 日;样品名称:塑料波纹管;样品编号:06.180096;样品数量:10 m;样品状态:干燥、无破损		
检测依据	JT/T 529—2016、GB/T 9647—2015	判定依据	JT/T 529—2016
主要仪器设备名称及编号	微机控制电子万能试验机(×××)、内径数显卡尺(×××)、钢直尺(×××)		
检测日期	2018 年 08 月 26 日—2018 年 08 月 27 日	品种	塑料波纹管	规格(g/m^2)	C-90
委托编号	0620180826007	出厂日期	×年×月×日	生产厂家	×××有限公司
检测类别	见证取样	质量证明编号	×××	代表数量(m)	×××
检测参数	技术要求(kN/m^2)	检测结果(kN/m^2)			
平均环刚度	≥6.0	16.19			

检测结论:经检测,该塑料波纹管管节所检参数满足 JT/T 529—2016 中 C-90 塑料波纹管管节的技术要求。

附加声明:
　　抽样单位:×××　　　　　　　　抽样人:×××
　　见证单位:×××　　　　　　　　见证人:×××
　　报告无本单位"检测专用章"无效;报告签名不全无效;报告改动、换页无效;本样品由委托方提供,报告结果仅适用于接收到的样品;未经本单位批准,不得部分复制本报告;若对本报告有异议,应于收到报告×个工作日内向本单位提出书面复议申请,逾期不予受理。

地址:　　　　　　　　电话:　　　　　　　　传真:

检测:　　　审核:　　　批准:　　　　　　　　　　　日期:　　年　月　日

附录2　水运试验检测记录表及检测类报告应用实例

第1页,共1页

JSYQ14001
JSYQ14003
JSYQ14004
JSYQ14005

钢材尺寸、屈服强度、抗拉强度、断后伸长率试验检测记录表

检测单位名称：×××检测中心　　　　　　　　　　　　　记录编号：JL09.180001-1

工程名称	—
工程部位/用途	—
样品信息	来样时间:2018年09月01日;样品名称:热轧带肋钢筋(牌号:HRB400,公称直径:25mm);样品编号:09.180061;样品数量:9根;样品状态:外观干净、无锈迹

检测日期	2018年09月02日	检测条件	环境温度(℃):20;相对湿度(%):60
检测依据	GB/T 28900—2012、GB/T 228.1—2010、GB/T 1499.2—2018	判定依据	GB/T 1499.2—2018
主要仪器设备名称及编号	万能材料试验机(×××)、连续式标点机(×××)、游标卡尺(×××)、钢直尺(×××)			

拉伸试验								
试件编号	实测直径/厚度(mm)	下屈服力(kN)	下屈服强度(MPa)	最大力(kN)	抗拉强度(MPa)	原始标距(mm)	断后标距(mm)	断后伸长率(%)
1	24.0	201.7	410	280.2	570	125	160.00	28
2	24.0	201.9	410	281.0	570	125	160.25	28

附加声明：

检测：　　　记录：　　　复核：　　　　　　　　　　　日期：　　年　月　日

《公路水运试验检测数据报告编制导则》释义手册

第1页,共1页
JSYQ14002
JSYQ14007

钢材重量偏差、弯曲性能试验检测记录表

检测单位名称:×××检测中心　　　　　　　　　　　　　　　记录编号:JL09.180001-2

工程名称	—
工程部位/用途	—
样品信息	来样时间:2018年09月01日;样品名称:热轧带肋钢筋(牌号:HRB400,公称直径:25 mm);样品编号:09.180061;样品数量:9根;样品状态:外观干净、无锈迹

检测日期	2018年09月02日	检测条件	环境温度(°C):20 相对湿度(%):60
检测依据	GB/T 28900—2012、GB/T 228.1—2010、GB/T 1499.2—2018	判定依据	GB/T 1499.2—2018
主要仪器设备名称及编号	万能材料试验机(×××)、连续式标点机(×××)、电动弯曲试验机(×××)、游标卡尺(×××)、电子天平(×××)、钢直尺(×××)		

质量偏差试验						弯曲试验			
试件编号	3	4	5	6	7	试件编号	弯心直径(mm)	弯曲角度(°)	检验结果
长度(mm)	552	553	553	553	552	8	100	180	无明显可见裂纹
质量(kg)	2.059	2.054	2.062	2.054	2.048				
总长度(mm)	2 763					9	100	180	无明显可见裂纹
总质量(kg)	10.28								
质量偏差(%)	-3.4								

附加声明:

检测:　　　　记录:　　　　复核:　　　　　　　　　　　　日期:　　年　　月　　日

附录2 水运试验检测记录表及检测类报告应用实例

第1页,共1页

钢材试验检测报告(一)

BSYQ14001F

检测单位名称(专用章):×××检测中心　　　　　　　　　报告编号:BG09.0001-2018

委托单位	×××工程有限公司		工程名称	×××工程	
工程部位/用途	×××				
样品信息	来样时间:2018年09月01日;样品名称:热轧带肋钢筋(HRB400);样品编号:09.180061;样品数量:9根;样品状态:外观干净、无锈迹				
检测依据	GB/T 28900—2012、GB/T 228.1—2010、GB/T 1499.2—2018		判定依据	GB/T 1499.2—2018	
主要仪器设备名称及编号	万能材料试验机(×××)、电动弯曲试验机(×××)、连续式标点机(×××)、游标卡尺(×××)、电子天平1(×××)、钢直尺(×××)、电子天平2(×××)、碳硫红外吸收分析仪(×××)、微机元素试验机(×××)				
检测日期	2018年09月02日	类别	热轧带肋钢筋	公称直径(mm)	25
委托编号	0620180901003	牌号	HRB400	等级	—
检测类别	见证取样	质量证明编号	×××	生产厂家	×××有限公司
代表数量(t)	×××	出厂日期	×××	进场日期	×××
力学工艺性能	检测参数	内径(mm)	下屈服强度(MPa)	抗拉强度(MPa)	断后伸长率(%)	弯曲性能
	技术要求	24.2±0.5	≥400	≥540	≥16	无裂纹
	检测结果	24.0	410	570	28	无裂纹
		24.0	410	570	28	无裂纹
		—	—	—	—	—
		—	—	—	—	—
化学成分	检测参数	碳(C)(%)	硅(Si)(%)	锰(Mn)(%)	磷(P)(%)	硫(S)(%)
	技术要求	≤0.25	≤0.80	≤1.60	≤0.045	≤0.045
	检测结果	—	—	—	—	—
质量偏差(%)	技术要求	±4.0		检测结果	-3.4	

检测结论:经检测,该热轧带肋钢筋所检参数符合GB/T 1499.2—2018中HRB400牌号的技术要求。

附加声明:

　　抽样单位:×××　　　　　　　　　　　　抽样人:×××
　　见证单位:×××　　　　　　　　　　　　见证人:×××

　　报告无本单位"检测专用章"无效;报告签名不全无效;报告改动、换页无效;本样品由委托方提供,报告结果仅适用于接收到的样品;未经本单位批准,不得部分复制本报告;若对本报告有异议,应于收到报告×个工作日内向本单位提出书面复议申请,逾期不予受理。

地址:　　　　　　　　电话:　　　　　　　　传真:

检测:　　　　记录:　　　　复核:　　　　　　　　　　　日期:　　年　　月　　日

第1页,共1页
JSYQ15003
整根钢绞线最大力、抗拉强度、0.2%屈服力试验检测记录表
JSYQ15004
JSYQ15005

检测单位名称:×××检测中心　　　　　　　　　　　　　　　　记录编号:JL27.180001

工程名称	×××			
工程部位/用途	×××			
样品信息	来样时间:2018年08月23日;样品名称:钢绞线;样品编号:27.180001;样品数量:1.2m×4根;样品状态:无油污、无锈蚀;分类和标记:1×7-15.20-1860-GB/T 5224—2014			
检测日期	2018年08月24日	检测条件	环境温度(℃):20;相对湿度(%):60	
检测依据	GB/T 21839—2008	判定依据	GB/T 5224—2014	
主要仪器设备名称及编号	钢绞线拉力试验机(×××)、游标卡尺(×××)、钢直尺(×××)			
检测项目	试件编号			
	1	2	3	
实测直径(mm)	15.28	15.30	15.28	
非比例延伸力0.2%屈服力(kN)	240.8	244.9	241.5	
整根最大力(kN)	264.9	269.5	265.7	
抗拉强度(MPa)	1 890	1 920	1 900	

附加声明:

检测:　　　　记录:　　　　复核:　　　　　　　　　　　　日期:　　年　　月　　日

钢绞线最大力总伸长率、弹性模量试验检测记录表

JSYQ15006
JSYQ15008

检测单位名称：×××检测中心　　　　　　　　　　　　　　　　记录编号：JL27.180002

工程名称	—
工程部位/用途	—
样品信息	来样时间:2018年08月23日;样品名称:钢绞线;样品编号:27.180001;样品数量:1.2m×4根;样品状态:无油污、无锈蚀;分类和标记:1×7－15.20－1860－GB/T 5224—2014

检测日期	2018年08月24日	检测条件	环境温度(℃):20 相对湿度(%):60
检测依据	GB/T 21839—2008	判定依据	GB/T 5224—2014
主要仪器设备名称及编号	钢绞线拉力试验机(×××)、游标卡尺(×××)、钢直尺(×××)、引伸计(×××)		

检测项目	试件编号		
	1	2	3
引伸计初始标距（mm）	500	500	500
最大力时引伸计位移(mm)	29.974	29.918	29.956
最大力总伸长率（%）	6.0	6.0	6.0
弹性模量（GPa）	198	199	197

附加声明：

检测：　　　记录：　　　复核：　　　　　　　　　日期：　年　月　日

第1页,共1页

钢绞线应力松弛试验检测记录表

JSYQ15009

检测单位名称:×××检测中心　　　　　　　　　　　　　　　　　记录编号:JL27.180003

工程名称	—				
工程部位/用途	—				
样品信息	来样时间:2018年08月23日;样品名称:钢绞线;样品编号:27.180001;样品数量:1.2m×4;样品状态:无油污、无锈蚀;分类和标记:1×7-15.20-1860-GB/T 5224—2014				
检测日期	2018年08月25日—2018年08月30日		检测条件	环境温度(℃):20;相对湿度(%):66	
检测依据	GB/T 21839—2008		判定依据	GB/T 5224—2014	
主要仪器设备名称及编号	微机控制钢绞线松弛试验机(×××)、游标卡尺(×××)				
试验过程记录					
时间	力值(kN)	温度(℃)	时间	力值(kN)	温度(℃)
1min	187.0	20.0	2h	186.5	19.8
2min	187.0	19.9	4h	186.3	19.9
4min	187.0	20.1	6h	186.1	20.0
8min	186.9	20.0	24h	186.0	19.9
15min	186.9	20.0	48h	185.9	19.8
30min	186.8	20.2	96h	185.7	20.1
60min	186.7	20.1	120h	185.6	20.0
应力松弛曲线					
1000h应力松弛率ρ(%)					1.2

附加声明:

检测:　　　　记录:　　　　复核:　　　　　　　　　　　　日期:　　年　月　日

第1页,共1页

钢绞线试验检测报告

BSYQ15001F

检测单位名称(专用章):×××检测中心　　　　　报告编号:BG27.0001-2018

委托单位	×××工程有限公司		工程名称	×××工程	
工程部位/用途	×××				
样品信息	来样时间:2018年08月23日;样品名称:钢绞线;样品编号:27.180001;样品数量:1.2m×4根;样品状态:无油污、无锈蚀				
检测依据	GB/T 21839—2008		判定依据	GB/T 5224—2014	
主要仪器设备名称及编号	钢绞线拉力试验机(×××)、微机控制钢绞线松弛试验机(×××)、游标卡尺(×××)、钢直尺(×××)、引伸计(×××)				
检测日期	2018年08月24日—2018年08月30日	分类和标记	1×7-15.20-1860-GB/T 5224—2014	生产厂家	×××有限公司
委托编号	0120180820001	质量证明编号	18081713	出厂日期	2018年08月06日
检测类别	见证取样	进场日期	2018年08月11日	代表批量(t)	58.6

检测参数	技术要求	检测结果		
		1	2	3
直径偏差 D (mm)	15.05~15.60	15.28	15.30	15.28
抗拉强度 R_m (MPa)	1 860~2 060	1 890	1 920	1 900
整根钢绞线的最大力 F_m (kN)	260~288	264.9	269.5	265.7
规定非比例延伸力 $F_{P0.2}$ (kN)	≥229	240.8	244.9	241.5
$F_{P0.2}/F_m$	0.88~0.95	0.91	0.91	0.91
最大力总伸长率 (L_0≥500mm) A_{gt} (%)	≥3.5	6.0	6.0	6.0
弹性模量 E (GPa)	195±10	198	199	197
应力松弛性能	初始负荷相当于实际最大力的70%,1 000h后应力松弛率 r (%)　≤2.5	1.2		

检测结论:经检测,该预应力钢绞线所检参数符合GB/T 5224—2014中1×7-15.20—1860的技术要求。

附加声明:

送样单位:×××　　　　　　送样人:×××

见证单位:×××　　　　　　见证人:×××

报告无本单位"检测专用章"无效;报告签名不全无效;报告改动、换页无效;本样品由委托方提供,报告结果仅适用于接收到的样品;未经本单位批准,不得部分复制本报告;若对本报告有异议,应于收到报告×个工作日内向本单位提出书面复议申请,逾期不予受理。

地址:　　　　　　电话:　　　　　　传真:

检测:　　　审核:　　　批准:　　　　　　　　　　　日期:　　年　月　日

第1页,共1页
JSYQ16003
JSYQ16004
JSYQ16005

砖抗压强度、抗折强度、吸水率试验检测记录表

检测单位名称:×××检测中心　　　　　　　　　　　　　　　　　　记录编号:JL07.180001

工程名称	—			
工程部位/用途	—			
样品信息	来样时间:2018年10月09日;样品名称:混凝土路面砖;样品编号:07.180011;样品数量:25块;样品状态:完好,无破损			
检测日期	2018年10月10日	检测条件	环境温度(℃):20;相对湿度(%):60	
检测依据	GB 28635—2012	判定依据	GB 28635—2012	
主要仪器设备名称及编号	微机控制电子万能试验机(×××)、电液压力试验机(×××)、电子天平(×××)、烘箱(×××)、钢直尺(×××)			

试验检测结果

	检验参数	1	2	3	4	5	6	7	8	9	10	平均值	最小值
抗压	长×宽(mm)	199.5×100.0	199.5×101.0	200.0×101.0	199.5×101.0	199.0×100.0	199.5×101.0	199.5×101.0	200.0×100.0	199.5×101.0	200.0×100.0	—	—
	面积(mm²)	19 950	20 150	20 200	20 150	19 990	20 170	20 150	20 000	20 150	20 000	—	—
	破坏荷载(kN)	1 268	1 316	1 234	1 370	1 348	1 324	1 188	1 146	1 256	1 268	—	—
	抗压强度(MPa)	63.4	65.8	61.7	68.5	67.4	66.2	59.4	57.3	62.8	63.4	63.6	57.3
抗折	两支撑座间距(mm)	150.0	150.0	150.0	150.0	150.0	150.0	150.0	150.0	150.0	150.0	—	—
	试件宽度(mm)	100.0	101.0	101.0	101.0	100.0	101.0	101.0	100.0	101.1	100.0	—	—
	试件厚度(mm)	59.5	60.0	59.5	59.0	59.5	60.0	59.5	59.5	60.0	59.5	—	—
	破坏荷载(N)	10 258	11 019	11 023	9 590	10 247	10 000	10 302	9 467	9 322	9 861	—	—
	抗折强度(MPa)	6.48	6.82	6.91	5.85	6.38	6.21	6.49	5.92	5.75	6.27	6.31	5.75
吸水率	试件吸水24h的质量(g)	5 038	5 134	5 054	5 012	5 060	—	—	—	—	—	—	—
	试件干燥的质量(g)	4 826	4 921	4 840	4 837	4 835	—	—	—	—	—	—	—
	吸水率(%)	4.4	4.3	4.4	3.6	4.7	—	—	—	—	—	4.3	—

附加声明:

检测:　　　　记录:　　　　复核:　　　　　　　　　　　　日期:　　年　　月　　日

砖抗压强度、抗折强度、吸水率试验检测报告

第1页,共1页

BSYQ16001F

检测单位名称(专用章):×××检测中心　　　　　　　　报告编号:BG07.0001-2018

委托单位	×××工程有限公司	工程名称	×××工程
工程部位/用途	×××		
样品信息	来样时间:2018年10月09日;样品名称:混凝土路面砖;样品编号:07.180011;样品数量:25块;样品状态:完好,无破损		
检测依据	GB 28635—2012	判定依据	GB 28635—2012
主要仪器设备名称及编号	微机控制电子万能试验机(×××)、电液压力试验机(×××)、电子天平(×××)、烘箱(×××)、钢直尺(×××)		
检测日期	2018年10月10日	型号规格	200mm×100mm×60mm	强度等级	Cc50;Cf5.0
委托编号	0120180820001	检测类别	见证取样	代表批量	49 000块

序号	检测参数	技术要求	检测结果	
			平均值	最小值
1	抗压强度(MPa)	平均值≥50.0 单块最小值≥42.0	63.6	57.3
2	抗折强度(MPa)	平均值≥5.00 单块最小值≥4.20	6.31	5.75
3	吸水率(%)	≤6.5	4.3	—

检测结论:经检测,该混凝土路面砖所检参数符合 GB 28635—2012 的技术要求。

附加声明:
　　抽样单位:×××　　　　　　　　　　抽样人:×××
　　见证单位:×××　　　　　　　　　　见证人:×××
　　报告无本单位"检测专用章"无效;报告签名不全无效;报告改动、换页无效;本样品由委托方提供,报告结果仅适用于接收到的样品;未经本单位批准,不得部分复制本报告;若对本报告有异议,应于收到报告×个工作日内向本单位提出书面复议申请,逾期不予受理。

地址:　　　　　　电话:　　　　　　传真:

检测:　　　审核:　　　批准:　　　　　　　　日期:　　年　　月　　日

第 1 页,共 1 页

混凝土表面涂层干膜厚度试验检测记录表(显微镜法)   JSYP02004b

检测单位名称:×××检测中心　　　　　　　　　　　　　　　　　　　　　记录编号:JL27.180001

工程名称	×××工程					
工程部位/用途	×××					
样品信息	抽样时间:2018年10月11日;样品名称:混凝土构件(表面覆盖涂层);样品编号:27.180005;样品数量:1-11混凝土挡土墙;样品状态:外表清洁、干燥、无破损					
检测日期	2018年10月11日		检测条件		环境温度(℃):22;相对湿度(%):66	
检测依据	JTJ 275—2000		判定依据		JTJ 275—2000	
主要仪器设备名称及编号	显微镜式测厚仪(×××)					
序号	构件名称及部位	涂层干膜厚度(μm)				
1	1-11混凝土挡土墙	233	306	234	308	267	280
		295	247	244	296	240	254
		255	247	236	263	224	292
		235	289	305	265	301	235
		292	269	255	297	307	268
		平均值	268		最小值	224	
		最小值达到设计值的百分比(%)			89.6		
2	—	—	—	—	—	—	—
		—	—	—	—	—	—
		—	—	—	—	—	—
		—	—	—	—	—	—
		—	—	—	—	—	—
		平均值	—		最小值	—	
		最小值达到设计值的百分比(%)			—		

附加声明:

检测:　　　　　记录:　　　　　复核:　　　　　　　　　　日期:　　年　　月　　日

第1页,共1页

混凝土表面涂层干膜厚度试验检测报告(显微镜法)　　BSYP02001F

检测单位名称(专用章):×××检测中心　　报告编号:BG27.0001-2018

委托单位	×××工程有限公司	工程名称	×××工程
工程部位/用途	×××		
样品信息	抽样时间:2018年10月11日;样品名称:混凝土构件(表面覆盖涂层);样品编号:27.180005;样品数量:1-11混凝土挡土墙;样品状态:外表清洁、干燥、无破损		
检测依据	JTJ 275—2000	判定依据	JTJ 275—2000
主要仪器设备名称及编号	显微镜式测厚仪(×××)		
检测日期	2018年10月11日	检测地点	施工现场
委托编号	2720181010001	涂层干膜厚度设计值(μm)	250
检测类别	委托抽样	涂料类型	×××

序号	构件名称及部位	技术指标		检测点数	平均值(μm)	最小值	
		平均值(μm)	最小值达到设计值的百分率(%)			检测值(μm)	达到设计值的百分比(%)
1	1-11混凝土挡土墙	250	75	30	268	224	89.6
2	—	—	—	—	—	—	—
3	—	—	—	—	—	—	—
4	—	—	—	—	—	—	—

检测结论:经检测,该混凝土构件涂层干膜厚度满足JTJ 275—2000技术要求。

附加声明:

抽样单位:×××　　　　　　　　　　抽样人:×××
见证单位:×××　　　　　　　　　　见证人:×××
报告无本单位"检测专用章"无效;报告签名不全无效;报告改动、换页无效;未经本单位批准,不得部分复制本报告;若对本报告有异议,应于收到报告×个工作日内向本单位提出书面复议申请,逾期不予受理。

地址:　　　　　　　　　电话:　　　　　　　　　传真:

检测:　　审核:　　批准:　　　　　　　　　　　　日期:　　年　月　日

第 1 页,共 1 页

混凝土结构钢筋保护层厚度试验检测记录表

JSYP01005

检测单位名称:×××检测中心　　　　　　　　　　　　　　　　　　　记录编号:JL24.180002

工程名称	×××工程							
工程部位/用途	×××							
样品信息	抽样时间:2018年09月11日;样品名称:预制上横梁;样品编号:24.180006;样品数量:1个构件;样品状态:外表清洁、干燥、无破损							
检测日期	2018年09月11日		检测条件	环境温度(℃):28;相对湿度(%):56				
检测依据	JTS 239—2015		判定依据	JTS 257—2008				
主要仪器设备名称及编号	钢筋保护层测定仪(×××)							

构件部位	钢筋保护层厚度							钢筋直径(mm)
	设计值(mm)	仪器读数	测试值(mm)					
			①测点		②测点		③测点	
1号主筋	50	第一次	56	56	59	58	57	56	16
		第二次	55		58		56		
2号主筋	50	第一次	54	54	55	55	54	54	16
		第二次	53		55		54		
3号主筋	50	第一次	56	56	56	56	53	54	16
		第二次	57		56		54		
4号主筋	50	第一次	54	54	55	55	58	58	16
		第二次	55		55		57		
5号主筋	50	第一次	58	58	59	59	58	58	16
		第二次	57		59		57		
6号主筋	50	第一次	58	58	56	56	58	58	16
		第二次	57		55		58		

预制上横梁检测部位示意图

```
1号主筋  测点编号①   测点编号②   测点编号③
2号主筋  测点编号①   测点编号②   测点编号③
3号主筋  测点编号①   测点编号②   测点编号③
4号主筋  测点编号①   测点编号②   测点编号③
5号主筋  测点编号①   测点编号②   测点编号③
6号主筋  测点编号①   测点编号②   测点编号③
```

检测结果统计

总测点数	18	合格点数	18	合格率(%)	100
最大值(mm)	59		最小值(mm)		53

附加声明:

检测:　　　记录:　　　复核:　　　　　　　　　　　日期:　　年　　月　　日

第1页,共1页

混凝土结构钢筋保护层厚度试验检测报告

BSYP01005F

检测单位名称(专用章):×××检测中心　　　　　　　　　　　报告编号:BG24.0002-2018

委托单位	×××工程有限公司		工程名称	×××工程		
工程部位/用途	×××					
样品信息	抽样时间:2018年09月11日;样品名称:预制上横梁;样品编号:24.180006 样品数量:1个构件;样品状态:外表清洁、干燥、无破损					
检测依据	JTS 239—2015		判定依据	JTS 257—2008		
主要仪器设备 名称及编号	钢筋保护层测定仪(×××)					
检测日期	2018年09月11日	强度等级	C30	钢筋保护层 厚度设计值	50mm	
委托编号	0120180820001	构件成型日期	2018年05月15日	主筋直径(mm)	16	
检测类别	委托抽样	钢筋种类	热轧带肋钢筋	主筋牌号	HRB400	

检测结果

构件部位	钢筋直径 (mm)	技术要求 (mm)	保护层厚度测试值(mm)			合格 点数	合格率 (%)	最小值 (mm)
			1	2	3			
1号主筋	16	50	55	58	56	18	100	53
2号主筋	16	50	53	55	54			
3号主筋	16	50	56	56	53			
4号主筋	16	50	54	55	57			
5号主筋	16	50	57	59	57			
6号主筋	16	50	57	55	58			

预制上横梁检测部位示意图

1号主筋	测点编号①	测点编号②	测点编号③
2号主筋	测点编号①	测点编号②	测点编号③
3号主筋	测点编号①	测点编号②	测点编号③
4号主筋	测点编号①	测点编号②	测点编号③
5号主筋	测点编号①	测点编号②	测点编号③
6号主筋	测点编号①	测点编号②	测点编号③

检测结论:经检测,该构件保护层厚度检测18点,合格率100%。

附加声明:
　抽样单位:×××　　　　　　　　　　　抽样人:×××
　见证单位:×××　　　　　　　　　　　见证人:×××
　报告无本单位"检测专用章"无效;报告签名不全无效;报告改动、换页无效;未经本单位批准,不得部分复制本报告;若对本报告有异议,应于收到报告×个工作日内向本单位提出书面复议申请,逾期不予受理。

地址:　　　　　　　　电话:　　　　　　　　传真:

检测:　　　　审核:　　　　批准:　　　　　　　　日期:　　年　月　日

《公路水运试验检测数据报告编制导则》释义手册

第1页,共1页

钢结构涂膜附着力试验检测记录表

JSYP03008

检测单位名称:×××检测中心　　　　　　　　　　　　　　　　记录编号:JL23.180001

工程名称	×××工程		
工程部位/用途	×××		
样品信息	抽样时间:2018年09月11日;样品名称:钢引桥;样品编号:23.180008;样品数量:1座;样品状态:无油污、无锈蚀		
检测日期	2018年09月11日	检测条件	环境温度(℃):25;相对湿度(%):69
检测依据	GB/T 9286—1998	判定依据	GB/T 9286—1998
主要仪器设备名称及编号	漆膜划格仪(×××)		
涂层设计厚度(μm)	100	刀刃间距(mm)	2

构件部位	检测结果(图)	构件部位	检测结果(图)
×××		×××	
×××		×××	

构件部位	技术指标	结果评定分级	构件部位	技术指标	结果评定分级
×××	3级以内	3级	×××	3级以内	1级
×××	3级以内	0级	×××	3级以内	1级

附加声明:

检测:　　　　记录:　　　　复核:　　　　　　　　　　　日期:　　年　月　日

附录2 水运试验检测记录表及检测类报告应用实例

第1页,共1页

钢结构涂膜附着力试验检测报告

BSYP03002F

检测单位名称(专用章):×××检测中心　　　　　　　　　报告编号:BG23.0001-2018

委托单位	×××工程有限公司		工程名称	×××工程	
工程部位/用途	×××				
样品信息	抽样时间:2018年09月11日;样品名称:×××钢引桥;样品编号:23.180008;样品数量:1座;样品状态:无油污、无锈蚀				
检测依据	GB/T 9286—1998		判定依据	设计文件	
主要仪器设备名称及编号	漆膜划格仪(×××)				
检测日期	2018年09月11日	规格	49 m×4.5m×4.5m	检测地点	施工现场
委托编号	1820180911001	涂膜类型	环氧树脂漆	喷涂日期	2018年07月15日
检测类别	委托抽样	涂膜干膜厚度设计值(μm)	100	喷涂方式	—
检测结果					
序号	构件部位		技术指标	结果评定	
1	×××		3级以内	0级	
2	×××		3级以内	0级	
3	×××		3级以内	0级	
4	×××		3级以内	0级	

检测结论:经检测,本次钢引桥所抽检4个部位涂层附着力均满足设计文件的技术要求。

附加声明:
　　抽样单位:×××　　　　　　　　　　　抽样人:×××
　　见证单位:×××　　　　　　　　　　　见证人:×××
　　报告无本单位"检测专用章"无效;报告签名不全无效;报告改动、换页无效;未经本单位批准,不得部分复制本报告;若对本报告有异议,应于收到报告×个工作日内向本单位提出书面复议申请,逾期不予受理。

地址:　　　　　　　　电话:　　　　　　　　传真:

检测:　　　审核:　　　批准:　　　　　　　　　　日期:　　年　　月　　日

附件 公路水运试验检测综合评价类报告应用实例

BGLP01001H

报告编号:BG-××-×××C-20××01

检 测 报 告

委 托 单 位：　　　　×××有限公司　　　　

工程(产品)名称：　　　　×××高速公路　　　　

检 测 项 目：　　　　路基路面　　　　

检 测 类 别：　　　　委托抽样检测　　　　

报 告 日 期：　　　　××××年××月××日　　　　

×××检测中心

注 意 事 项

1. 本报告无本单位"检测专用章"无效,每页无骑缝章无效。
2. 本报告签名不全无效。
3. 本报告改动、换页无效。
4. 未经本单位批准,不得部分复制本报告。
5. 本单位提供试验检测报告的检索查询服务,可通过电话、传真对检测报告的真伪等相关信息进行查询。
6. 本报告未经本单位同意,不得作为商业广告使用。
7. 若对本报告有异议,应于收到报告××个工作日内向本单位提出书面复议申请,逾期不予受理。

联系地址:
邮政编码:
电　　话:
传　　真:
Email:

工程(产品)名称:×××高速公路

签 字 表

岗 位	姓 名	职业资格证书编号	职 称	签 字
项目负责人				
项目主要参加人员				
报告编写人				
报告审核人				
报告批准人				

×××检测中心

××××年××月××日

附件 公路水运试验检测综合评价类报告应用实例

目 录

1 项目概况 ·· 154
2 检测依据 ·· 154
3 人员和仪器设备 ·· 154
4 检测内容与方法 ·· 155
5 检测数据分析 ··· 156
6 结论与分析评估 ·· 161
7 有关建议 ·· 161
8 附件 ··· 161

1 项目概况

×××高速公路起于××,止于××,采用山岭重丘区高速公路标准设计。设计行车速度80km/h,路基宽度为24.5m,桥涵宽度与路基同宽,双向四车道,全封闭全立交,平曲线最小半径400m,凸曲线最小半径不小于4 500m,凹曲线最小半径不小于3 000m,纵坡坡度不大于5%,设计荷载为公路-Ⅰ级。路面结构见表1-1,上行为××—××方向,下行为××—××方向,本次检测合同段见表1-2,报告中桩号采用运营桩号。

路面结构一览表 表1-1

交通类型	××—××(上行向)	××—××(下行向)
上面层	4cm SBS改性AC-13	
中面层	6cm AC-20	
下面层	6cm AC-20	
基层	22cm 5%水泥稳定碎石	
底基层	23cm 低剂量水泥稳定碎石	
垫层	20cm 未筛分水泥稳定碎石	

路面合同段一览表 表1-2

项目工程	合同段	施工桩号	运营桩号	施工单位
路面工程	××	××—××	××—××	××—××
	××	××—××	××—××	××—××

2 检测依据

本次检测工作中主要采用下述标准、规范、文件：
(1)《公路技术状况评定标准》(JTG H20—2007);
(2)《公路养护技术规范》(JTG H10—2009);
(3)《公路路基路面现场测试规程》(JTG E60—2008);
(4)《公路沥青路面设计规范》(JTG D50—2006);
(5)《公路桥涵养护规范》(JTG H11—2004);
(6)《公路隧道养护技术规范》(JTG H12—2015)
(7)《××设计文件》及变更设计文件(图号、版本号、日期);
(8)《××公路技术状况检测实施方案》(××××年××月××日通过委托方组织的审定);
(9)其他相关资料。

3 人员和仪器设备

根据本次检测工作量及工作要求,我单位成立了检测工作项目组,主要人员及分工表见表3-1。主要仪器设备及用途见表3-2。

项目组主要人员及分工表　　　　　　　　　　　　　　　　　　　　表 3-1

序号	姓　名	职业资格证书编号	职　称	项目分工
1	—	（公路）检师×××	高级工程师	项目总体协调、技术支持
2	—	（公路）检师×××	高级工程师	路面使用性能检测
3	—	（公路）检师×××	工程师	路面使用性能检测
4	—	（公路）检师×××	高级工程师	路基、桥隧构造物及沿线设施调查
5	—	（公路）检师×××	工程师	路基、桥隧构造物及沿线设施调查
6	—	（公路）检师×××	工程师	路基、桥隧构造物及沿线设施调查

主要仪器设备及用途　　　　　　　　　　　　　　　　　　　　　　表 3-2

序号	仪器设备名称	管理编号	规格型号	数量	量值溯源有效期	检测参数
1	多功能道路检测车	—	—	—	×××年××月××日	平整度、车辙、路面损坏
2	横向力系数测定仪	—	—	—	×××年××月××日	横向力系数
3	激光自动弯沉仪	—	—	—	×××年××月××日	弯沉
4	钢卷尺	—	—	—	×××年××月××日	尺寸

4 检测内容与方法

4.1 检测参数及方法

4.1.1 路面损坏状况检测

本次采用智能道路检测车对全路线全车道进行路面损坏状况检测，提供路面损坏状况指数（PCI）。

4.1.2 路面平整度检测

本次采用激光道路多功能检测系统对全路线全车道进行路面平整度检测，提供路面行驶质量指数（RQI）。

4.1.3 路面车辙检测

本次采用激光道路多功能检测系统对全路线全车道进行路面车辙检测，提供路面车辙深度指数（RDI）。

4.1.4 路面抗滑性能检测

本次采用路面横向力系数检测车对全路线全车道进行路面抗滑性能检测，提供路面抗滑性能指数（SRI）。

4.1.5 路面结构强度检测

本次采用自动弯沉仪对全路线全车道进行路面结构强度检测，提供路面结构强度指数（PSSI）。

4.1.6 路基、沿线设施调查

本次路基、沿线设施采用人工方法对全路线进行路基及沿线设施调查，按照规定的损坏类型和判定方法，进行现场实地调查，并准确记录损坏的类型、程度、数量，最后进行汇总、计算，提供路基技术状况指数（SCI）。

4.2 检测频率

本次检测频率主要依据《公路技术状况评定标准》（JTG H20—2007）及《××公路技术状况检测实

施方案》中的相关要求。路面损坏状况检测按纵向每车道连续检测,横向检测宽度不得小于车道宽度的70%。路面平整度、路面车辙、路面抗滑性能按每车道连续检测。路面结构强度采用自动弯沉仪按每车道连续检测。路基调查及沿线设施调查,按规定的损坏类型进行实地调查。

5 检测数据分析

5.1 评定方法

5.1.1 公路技术状况指数

MQI 是反映道路实际的综合状况,所包含的分项指标如图 5-1 所示。

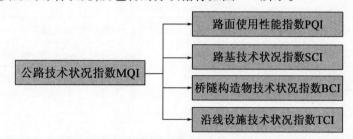

图 5-1 公路技术状况指数分项指标组成情况

反映公路技术状况指数的相关指标的计算方法以每公里为标准评定单位进行计算与评定,基于各指标重要程度的不同分项指标的权重(表 5-1)也不同,其计算公式如下所示,最后按照相关公式的计算结果进行道路技术状况的评定,评定标准见表 5-2。

$$MQI = \omega_{PQI}PQI + \omega_{SCI}SCI + \omega_{BCI}BCI + \omega_{TCI}TCI$$

式中:ω_{PQI}——PQI 在 MQI 中的权重;
ω_{SCI}——SCI 在 MQI 中的权重;
ω_{BCI}——BCI 在 MQI 中的权重;
ω_{TCI}——TCI 在 MQI 中的权重。

MQI 各分项指标的权重系数　　　　表 5-1

分项指标	PQI	SCI	BCI	TCI
权重	0.70	0.08	0.12	0.10

公路技术状况各指标评定标准　　　　表 5-2

评价等级	优	良	中	次	差
评价指标	≥90	≥80,<90	≥70,<80	≥60,<70	<60

5.1.2 路面使用性能

沥青路面使用性能(PQI)包括路面损坏状况指数 PCI、路面行驶质量指数 RQI、路面车辙深度指数 RDI 和路面抗滑性能指数 SRI,基于各指标对路面使用性能的影响大小,规范中各分项指数的权重系数如表 5-3 所示。

$$PQI = \omega_{PCI}PCI + \omega_{RQI}RQI + \omega_{RDI}RDI + \omega_{SRI}SRI$$

式中:ω_{PCI}——PCI 在 PQI 中的权重;
ω_{RQI}——RQI 在 PQI 中的权重;
ω_{RDI}——RDI 在 PQI 中的权重;
ω_{SRI}——SRI 在 PQI 中的权重。

高速公路沥青路面 PQI 各分项指数权重系数　　表 5-3

分项指标	PCI	RQI	RDI	SRI
权重	0.35	0.40	0.15	0.10

(1) 路面损坏状况指数 PCI

路面损坏状况指数 PCI 的计算公式如下：

$$PCI = 100 - 15DR^{0.412}$$

$$DR = \left(\sum w_i \cdot \frac{A_i}{A} \right) \times 100$$

式中：DR——路面破损率(%)

　　　A——调查的路面面积(m^2)；

　　　A_i——第 i 类路面损坏的面积(m^2)；

　　　w_i——第 i 类路面破损的权重。

(2) 路面行驶质量指数 RQI

路面行驶质量指数 RQI 是反映道路舒适性的一个评定指标，是一个关于国际平整度指数 IRI 的评定指标。从路面状况的角度看，影响路面行驶质量的主要因素是路面平整度。不平整的路面使乘客舒适性降低，同时增加行车阻力，加大油耗，同时影响行车安全性，因此是路面使用性能重要的评定指标，其计算公式为：

$$RQI = \frac{100}{1 + a_0 e^{a_1 IRI}}$$

式中：IRI——国际平整度指数；

　　　a_0——高速、一级路采用 0.026，其他等级公路采用 0.018 5；

　　　a_1——高速、一级路采用 0.65，其他等级公路采用 0.58。

(3) 路面抗滑性能指数 SRI

路面抗滑性能指数 SRI 是反应道路安全性的指标，其计算公式如下：

$$SRI = \frac{100 - SRI_{min}}{1 + a_0 \exp(a_1 SFC)} + SRI_{min}$$

式中：SFC——横向力系数；

　　　SRI_{min}——标定参数；

　　　a_0——模型参数；

　　　a_1——模型参数。

路面抗滑性能 SRI 标定参数和模型参数见表 5-4。

路面抗滑性能 SRI 标定参数和模型参数　　表 5-4

分项指标	标定参数 SRI_{min}	模型参数 a_0	模型参数 a_1
权重	35	28.6	-0.105

(4) 路面车辙深度指数 RDI

沥青路面车辙是路面结构各层永久变形的积累，其变形对路面平整、使用性能、行车安全和舒适均有重要影响。基于此新规范专门针对沥青路面的车辙制定了相关的路面车辙深度指数 RDI，其计算公式如下：

$$RDI = \begin{cases} 100 - a_0 RD & (RD \leq RD_a) \\ 60 - a_1(RD - RD_a) & (RD_a \leq RD \leq RD_b) \\ 0 & (RD \geq RD_b) \end{cases}$$

式中：RD——车辙深度；

RD_a——车辙深度参数,采用20mm;
RD_b——车辙深度限值,采用35mm;
a_0——模型参数,采用2.0;
a_1——模型参数,采用4.0。

5.1.3 路基、桥隧构造物及沿线设施技术状况

路基技术状况、桥隧构造物技术状况和沿线设施技术状况调查项目和单位扣分见表5-5~表5-7。

路基状况调查项目和单位扣分表　　　　　　　　　　　　　　表5-5

类型	损坏名称	损坏程度	单位	单位扣分	权重W_i
1	路肩边沟不洁	—	m	0.5	0.05
2	路肩损坏	轻	m²	1	0.10
		重		2	
3	边坡坍塌	轻	处	20	0.25
		中		30	
		重		50	
4	水毁冲沟	轻	处	20	0.25
		中		30	
		重		50	
5	路基构造物损坏	轻	处	20	0.10
		中		30	
		重		50	
6	路缘石损坏	—	m	4	0.05
7	路基沉降	轻	处	20	0.10
		中		30	
		重		50	
8	排水系统淤塞	轻	m	1	0.10
		重	处	20	

桥隧构造物技术状况调查项目和单位扣分表　　　　　　　　　表5-6

类型	调查项目	技术状况评定等级	单位	单位扣分	备注
1	桥梁	一、二	座	0	采用《公路桥涵养护规范》(JTG H11—2004)的评定方法,五类桥梁所属路段的MQI=0
		三		40	
		四		70	
		五		100	
2	隧道	S:无异常	座	0	采用《公路隧道养护技术规范》(JTG H12—2015)的评定方法,危险隧道所属路段的MQI=0
		B:有异常		50	
		A:有危险		100	

续上表

类型	调查项目	技术状况评定等级	单位	单位扣分	备注
3	涵洞	好、较好	道	0	采用《公路桥涵养护规范》(JTG H11—2004)的评定方法,危险涵洞所属路段的 MQI = 0
		较差		40	
		差		70	
		危险		100	

沿线设施技术状况调查项目和单位扣分表 表5-7

类型	损坏名称	损坏程度	单位	单位扣分	权重 W_i	备注
1	防护设施损坏	轻	处	10	0.25	
		重		30		
2	隔离栅损坏	—	处	20	0.10	
3	标志缺损	—	处	20	0.25	
4	标线缺损	—	m	0.1	0.20	
5	绿化管护不善	—	m	0.1	0.20	每10m扣一分,不足10m以10m计

5.2 技术状况指数分析

5.2.1 上行向

各项技术状况指数等级分布统计汇总(上行超车道和上行行车道)见表5-8和表5-9。

各项技术状况指数等级分布统计汇总表(上行超车道) 表5-8

评定等级	评定结果	路面	分 项 指 标				路基	构造物	设施
	MQI	PQI	PCI	RQI	RDI	SRI	SCI	BCI	TCI
优	100.0%	100.0%	94.1%	98.0%	74.5%	98.0%	100.0%	100.0%	100.0%
良	0.0%	0.0%	5.9%	2.0%	25.5%	2.0%	0.0%	0.0%	0.0%
中	0.0%	0.0%	0.0%	0.0%	0.0%	0.0%	0.0%	0.0%	0.0%
次	0.0%	0.0%	0.0%	0.0%	0.0%	0.0%	0.0%	0.0%	0.0%
差	0.0%	0.0%	0.0%	0.0%	0.0%	0.0%	0.0%	0.0%	0.0%

各项技术状况指数等级分布统计汇总表(上行行车道) 表5-9

评定等级	评定结果	路面	分 项 指 标				路基	构造物	设施
	MQI	PQI	PCI	RQI	RDI	SRI	SCI	BCI	TCI
优	100.0%	100.0%	100.0%	100.0%	21.6%	96.1%	100.0%	100.0%	100.0%
良	0.0%	0.0%	0.0%	0.0%	78.4%	3.9%	0.0%	0.0%	0.0%
中	0.0%	0.0%	0.0%	0.0%	0.0%	0.0%	0.0%	0.0%	0.0%
次	0.0%	0.0%	0.0%	0.0%	0.0%	0.0%	0.0%	0.0%	0.0%
差	0.0%	0.0%	0.0%	0.0%	0.0%	0.0%	0.0%	0.0%	0.0%

5.2.2 下行向

各项技术状况指数等级分布统计汇总(下行向)见表 5-10 和表 5-11。

各项技术状况指数等级分布统计汇总表(下行超车道)　　表 5-10

评定等级	评定结果	路面	分项指标				路基	构造物	设施
	MQI	PQI	PCI	RQI	RDI	SRI	SCI	BCI	TCI
优	100.0%	100.0%	96.1%	98.0%	70.6%	84.3%	100.0%	100.0%	100.0%
良	0.0%	0.0%	3.9%	2.0%	29.4%	15.7%	0.0%	0.0%	0.0%
中	0.0%	0.0%	0.0%	0.0%	0.0%	0.0%	0.0%	0.0%	0.0%
次	0.0%	0.0%	0.0%	0.0%	0.0%	0.0%	0.0%	0.0%	0.0%
差	0.0%	0.0%	0.0%	0.0%	0.0%	0.0%	0.0%	0.0%	0.0%

各项技术状况指数等级分布统计汇总表(下行行车道)　　表 5-11

评定等级	评定结果	路面	分项指标				路基	构造物	设施
	MQI	PQI	PCI	RQI	RDI	SRI	SCI	BCI	TCI
优	100.0%	100.0%	100.0%	100.0	9.8%	78.4%	100.0%	100.0%	100.0%
良	0.0%	0.0%	0.0%	0.0%	88.2%	21.6%	0.0%	0.0%	0.0%
中	0.0%	0.0%	0.0%	0.0%	2.0%	0.0%	0.0%	0.0%	0.0%
次	0.0%	0.0%	0.0%	0.0%	0.0%	0.0%	0.0%	0.0%	0.0%
差	0.0%	0.0%	0.0%	0.0%	0.0%	0.0%	0.0%	0.0%	0.0%

5.3 技术状况明细表

5.3.1 上行向

×××高速公路技术状况评定明细(上行向)见表 5-12 和表 5-13。

×××高速公路技术状况评定明细表(上行超车道)　　表 5-12

段落桩号		路线长度	评定结果	路面	分项指标				路基	构造物	设施
起点	终点	(m)	MQI	PQI	PCI	RQI	RDI	SRI	SCI	BCI	TCI
K1+000	K2+000	1 000	—	—	—	—	—	—	—	—	—
K2+000	K3+000	1 000	—	—	—	—	—	—	—	—	—
K3+000	K4+000	1 000	—	—	—	—	—	—	—	—	—

×××高速公路技术状况评定明细表(上行行车道)　　表 5-13

段落桩号		路线长度	评定结果	路面	分项指标				路基	构造物	设施
起点	终点	(m)	MQI	PQI	PCI	RQI	RDI	SRI	SCI	BCI	TCI
K1+000	K2+000	1 000	—	—	—	—	—	—	—	—	—
K2+000	K3+000	1 000	—	—	—	—	—	—	—	—	—
K3+000	K4+000	1 000	—	—	—	—	—	—	—	—	—

5.3.2 下行向

×××高速公路技术状况评定明细(下行向)见表5-14和表5-15。

×××高速公路技术状况评定明细表(下行超车道) 表5-14

段落桩号		路线长度	评定结果	路面	分项指标				路基	构造物	设施
起点	终点	(m)	MQI	PQI	PCI	RQI	RDI	SRI	SCI	BCI	TCI
K1+000	K2+000	1 000	—	—	—	—	—	—	—	—	—
K2+000	K3+000	1 000	—	—	—	—	—	—	—	—	—
K3+000	K4+000	1 000	—	—	—	—	—	—	—	—	—

×××高速公路技术状况评定明细表(下行行车道) 表5-15

段落桩号		路线长度	评定结果	路面	分项指标				路基	构造物	设施
起点	终点	(m)	MQI	PQI	PCI	RQI	RDI	SRI	SCI	BCI	TCI
K1+000	K2+000	1 000	—	—	—	—	—	—	—	—	—
K2+000	K3+000	1 000	—	—	—	—	—	—	—	—	—
K3+000	K4+000	1 000	—	—	—	—	—	—	—	—	—

6 结论与分析评估

根据《公路技术状况评定标准》(JTG H20—2007)对×××高速公路开展了现场检测,得出的各项公路技术状况指数评定详见表6-1。

技术状况指数评定表 表6-1

评价指数	MQI	PQI	分项指标				SCI	BCI	TCI
			PCI	RQI	RDI	SRI			
上下行各车道加权平均	96.0	94.4	97.8	94.0	89.3	94.1	99.3	100.0	99.7
评价等级	优	优	优	优	良	优	优	优	优

7 有关建议

针对本次公路技术状况评定检测结果,提出以下建议:

(1)对下行向K14+000~K15+000车辙较差段落,进行维修。
(2)对存在横、纵向裂缝的路段及时进行修补。
(3)路基、沿线设施及绿化、桥涵构造物的调查结果显示,存在路肩边沟不洁、标线缺损及路基沉降等问题,建议加强日常养护工作,对存在的问题及时进行修复。

8 附件

(1)附表1 公路技术状况评定汇总表;
(2)附表2 路面损坏PCI检测结果汇总表;

（3）附表3 路面平整度 RQI 检测结果汇总表；
（4）附表4 路面车辙 RDI 检测结果汇总表；
（5）附表5 路面抗滑性能 SRI 检测结果汇总表；
（6）附表6 路面结构强度 PSSI 检测结果汇总表；
（7）附表7 路基 SCI 调查结果汇总表；
（8）附表8 桥隧构造物 BCI 调查结果汇总表；
（9）附表9 沿线设施 TCI 调查结果汇总表；
（10）附图1   路基调查图片；
（11）附图2   沿线设施调查图片。
（本报告正文以下空白）

×××检测中心

××××年××月××日

附件　公路水运试验检测综合评价类报告应用实例

BGLP05012H

报告编号:BG-20××-01-01

检 测 报 告

委 托 单 位：　　　　×××公司　　　　

工程(产品)名称：　××公路××城区至××镇改建工程

检 测 项 目：　　　×××大桥承载能力　　　

检 测 类 别：　　　　委托抽样检测　　　　

报 告 日 期：　　　××××年××月××日　　

×××有限责任公司

注 意 事 项

1. 本报告无本单位"检测专用章"无效,每页无骑缝章无效。
2. 本报告签名不全无效。
3. 本报告改动、换页无效。
4. 未经本单位批准,不得部分复制本报告。
5. 本单位提供试验检测报告的检索查询服务,可通过电话、传真对检测报告的真伪等相关信息进行查询。
6. 本报告未经本单位同意,不得作为商业广告使用。
7. 若对本报告有异议,应于收到报告××个工作日内向本单位提出书面复议申请,逾期不予受理。

联系地址:
邮政编码:
电　　话:
传　　真:
Email:

工程名称：××公路××城区至××镇改建工程

签 字 表

岗　位	姓　名	职业资格证书编号	职　称	签　字
项目负责人				
项目主要参加人员				
报告编写人				
报告审核人				
报告批准人				

×××有限责任公司

××××年××月××日

目 录

1 项目概况 …………………………………………………………………………………… 167
2 检测依据 …………………………………………………………………………………… 167
3 人员和仪器设备 …………………………………………………………………………… 167
4 检测内容与方法 …………………………………………………………………………… 168
5 检测数据分析 ……………………………………………………………………………… 171
6 结论与分析评估 …………………………………………………………………………… 174
7 有关建议 …………………………………………………………………………………… 174
8 附件 ………………………………………………………………………………………… 174

1 项目概况

×××大桥位于直线内,上部结构:采用9~20m预应力混凝土空心板桥;下部结构:0号桥台采用桩柱式桥台,桩基础;9号桥台采用肋板桥台,桩基础;桥墩采用桩柱式桥墩,桩基础。本桥宽7.5m,0.5m护栏+6.5m行车道+0.5m护栏。本桥在0号桥台、4号桥墩、9号桥台处分别设置一道80型的伸缩缝。设计洪水频率:1/100。设计地震动峰值加速度0.1g,设计荷载:公路-Ⅰ级。桥面铺装层采用12cm厚C40桥面铺装,空心板采用C50混凝土。

本项目建设单位为×××,设计单位为×××,施工单位为×××。

受×××公司的委托,我单位于××××年××月××日对本桥进行现场荷载试验。通过对×××大桥进行静力荷载试验,检测桥梁控制截面应力、挠度、抗裂性能等指标,以达到下述目的:

通过静载试验,检测试验桥跨结构的承载能力、结构变形及正常使用状态是否满足设计要求。

2 检测依据

本次检测工作中主要采用下述标准、规范、文件:
(1)《公路桥梁承载能力检测评定规程》(JTG/T J21—2011);
(2)《公路桥涵设计通用规范》(JTG D60—2015);
(3)《公路钢筋混凝土及预应力混凝土桥涵设计规范》(JTG 3362—2018);
(4)《公路桥梁荷载试验规程》(JTG/T J21-01—2015);
(5)试验桥梁相关设计文件;
(6)本项目的检测方案;
(7)本项目检测合同。

3 人员和仪器设备

根据本次检测工作量及工作要求,我公司成立了检测工作项目组,主要人员及分工表见表3-1。主要仪器设备见表3-2。

主要检测人员及分工表   表3-1

序号	姓名	学历	职称	执业资格证书编号	项目分工
1	×××	硕士	高级工程师	(公路)检师×××	项目总体协调、技术支持
2	×××	本科	高级工程师	(公路)检师×××	现场静态应变测试组
3	×××	硕士	工程师	(公路)检师×××	现场静态应变测试组
4	×××	本科	工程师	(公路)检师×××	现场静态挠度检测组
5	×××	本科	工程师	(公路)检师×××	现场静态挠度检测组
6	×××	本科	工程师	(公路)检师×××	现场裂缝观测人员
7	×××	本科	工程师	(公路)检师×××	现场指挥车辆人员

主要仪器设备一览表   表3-2

序号	仪器设备名称	型号或规格	仪器管理编号	数量	量值溯源有效期
1	TML数据采集系统	—	—	1	××××年××月××日
2	自动安平水准仪	—	—	1	××××年××月××日

续上表

序号	仪器设备名称	型号或规格	仪器管理编号	数量	量值溯源有效期
3	电阻应变片	—	—	n	××××年××月××日
4	裂缝综合测试系统			1	××××年××月××日
5	笔记本电脑	—	—	1	—

4 检测内容与方法

4.1 检测内容

对试验桥跨进行加载试验,检测桥跨在最不利荷载作用下的效应,主要内容包括:
(1)测试截面附近结构外观检查。
(2)静力试验。
①测试截面静态应变(应力);
②测试截面静态挠度;
③测试截面裂缝观测。

4.2 检测方法

(1)静态应变(应力)
控制截面应力采用应变片和应变仪检测测点的应变,测试分辨率为 $\pm 1 \times 10^{-6}(1\mu\varepsilon)$,根据材料的弹性模量换算测点应力。沿应力控制截面横向布置数个测点,以检测应力横向分布规律。
(2)静态挠度
采用自动安平水准仪检测试验桥跨控制截面处的挠度,测试分辨率为 $\pm 0.1\mathrm{mm}$(估读到 $0.01\mathrm{mm}$)。
(3)裂缝观测
①加载之前,对测试截面附近区域进行裂缝观测;
②加载期间,采用肉眼观测有无新增裂缝的产生;
③卸载之后,观测裂缝的闭合情况(如有)。

4.3 控制截面与测点布置

根据业主委托,选取该桥第 3 跨进行荷载试验,应力控制截面设 1 个,挠度控制截面设 1 个,均为跨中最大正弯矩截面。为图 4-1 所示的 I—I 截面,测点布置见图 4-2 所示。

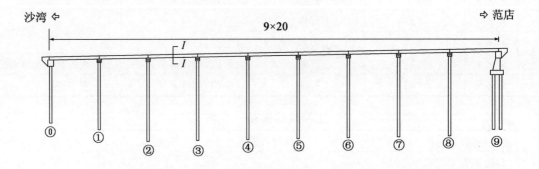

图 4-1 ××大桥控制截面位置及编号(尺寸单位:m)

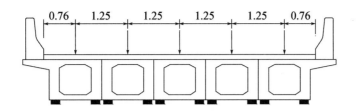

图 4-2 Ⅰ-Ⅰ 截面静态应变、静态挠度测点布置(尺寸单位:m)

说明:1 "■"标记为混凝土表面纵向应变测点。
2 "↓"标记为挠度测点,采用自动安平水准仪测试。
3 空心板编号按桥梁前进方向自左向右进行编号,例如第3跨第2片空心板编号为3-2号空心板。

4.4 试验荷载及加载工况

(1)设计控制内力

按《公路桥涵设计通用规范》(JTG D60—2015)的规定,以公路-Ⅰ级荷载作为桥梁控制荷载,其中汽车荷载按规范计入冲击效应。

(2)试验荷载

以设计正常使用荷载作为加载控制,按控制截面内力等效原则进行布载,并使控制截面试验荷载效率满足检测规程的要求。采用4台三轴重车进行等效布载,正式加载试验之前,要对每台车辆均进行过磅称重,表4-1为采用的加载车辆参数表,图4-3为加载车辆轴距示意图。

加 载 车 辆 参 数　　　　　表 4-1

车辆编号	车牌号	前—中轴距(m)	中—后轴距(m)	前轴重(t)	中—后轴重(t)	总重(t)
1	—	3.85	1.35	8.3	29.8	38.1
2	—	3.85	1.35	8.6	29.8	38.4
3	—	3.85	1.35	8.5	29.5	38.0
4	—	3.85	1.35	7.9	30.4	38.3

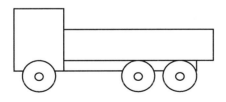

图 4-3 加载车辆轴距示意图

(3)试验工况及荷载效率

根据控制截面弯矩影响线并考虑横向分布进行等效布置,正式加载前对试验跨进行了预载,正式加载工况3个(分3级加载),包括:

①预载(约60%的控制荷载);
②Ⅰ-Ⅰ截面最大正弯矩偏载(50%);
③Ⅰ-Ⅰ截面最大正弯矩偏载(80%);

④Ⅰ-Ⅰ截面最大正弯矩偏载(100%)

试验荷载效率见表4-2。

静力加载试验荷载效率   表4-2

序号	加载内容	控制弯矩 (kN·m)	试验弯矩 (kN·m)	荷载效率	控制梁号
1	Ⅰ-Ⅰ截面最大正弯矩偏载(50%)	469.3	938.6	0.496	3-1号
2	Ⅰ-Ⅰ截面最大正弯矩偏载(80%)	743.5	938.6	0.785	3-1号
3	Ⅰ-Ⅰ截面最大正弯矩偏载(100%)	946.9	938.6	0.991	3-1号

(4)加载车布置

加载车辆布置见图4-4~图4-6。

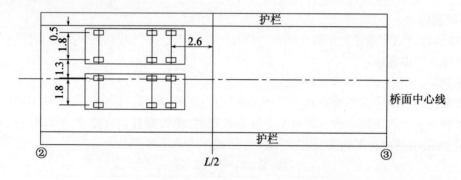

图4-4 Ⅰ-Ⅰ截面最大正弯矩偏载50%加载工况车辆平面布置(尺寸单位:m)

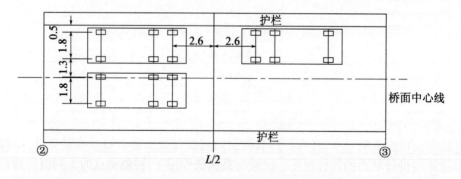

图4-5 Ⅰ-Ⅰ截面最大正弯矩偏载加载80%工况车辆平面布置(尺寸单位:m)

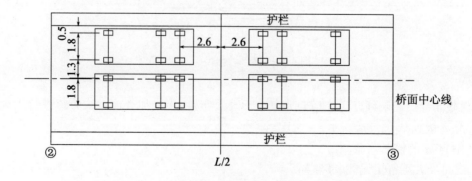

图4-6 Ⅰ-Ⅰ截面最大正弯矩偏载加载100%工况车辆平面布置(尺寸单位:m)

4.5 试验过程控制及记录

（1）加卸载过程中,应保证非控制截面内力或位移不超过控制荷载作用下的最不利值。

（2）试验过程中,应记录结构出现的异常响动、失稳、扭曲、晃动等异常现象,并采取相应处理措施。

（3）加载时间间隔应满足结构反应稳定的时间要求。应在前一级荷载阶段内结构反应相对稳定、进行了有效测试及记录后方可进行下一级荷载试验。当进行主要控制截面最大内力（变形）加载试验时,分级加载的稳定时间不应少于5min;对尚未投入运营的新桥,首个工况的分级加载稳定时间不宜少于15min。

（4）应根据各工况的加载分级,对各加卸载过程结构控制点的应变（或变形）、薄弱部位的破损情况等进行观测与分析,并与理论计算值对比。当试验过程中发生下列情况之一时,应停止加载,查清原因,采取措施后再确定是否进行试验：

①控制测点应变值已达到或超过计算值。

②控制测点变形（或挠度）超过计算值。

③结构裂缝的长度、宽度或数量明显增加。

④实测变形分布规律异常。

⑤桥体发出异常响声或发生其他异常状况。

（5）观测与记录应符合下列规定：

①加载试验之前应对测试系统进行不少于15min的测试数据稳定性观测。

②应做好测试时间、环境气温、工况等记录。宜采用自动记录系统并对关键点实施监控,当采用人工读数记录时,读数应及时、准确,并记录在专用表格上。

③试验前应对既有裂缝的长度、宽度、分布及走向进行观测、记录,并将其标注在结构上;试验时应观测新裂缝的长度、宽度及既有裂缝发展状况,并描绘出结构表面裂缝分布及走向,并专门记录。

5 检测数据分析

（1）静态挠度检测结果

现场对×××大桥进行3个工况的静载试验。采用精密水准仪检测控制截面的挠度,各试验荷载工况作用下,各主要测点的挠度检测结果见表5-1。

根据计算挠度及挠度实测结果,计算各控制测点的挠度校验系数和相对残余变形,以检验实际结构的刚度及变形规律与设计状态的符合程度。试验荷载满载作用下,控制测点的实测值与理论值的比较见表5-2。

试验跨主要测点挠度检测结果（单位:mm）　　表5-1

试验工况	截面	梁号	总变位 f_t	弹性变位 f_e	残余变位 f_P
I-I 截面 M_{max}^+ 偏载（50%）	I-I	1号	3.94	—	—
		2号	3.63	—	—
		3号	3.46	—	—
		4号	3.22	—	—
		5号	3.08	—	—

续上表

试验工况	截面	梁号	总变位f_t	弹性变位f_e	残余变位f_P
Ⅰ-Ⅰ截面M_{max}^+偏载(80%)	Ⅰ-Ⅰ	1号	6.52	—	—
		2号	6.01	—	—
		3号	5.69	—	—
		4号	5.26	—	—
		5号	4.94	—	—
Ⅰ-Ⅰ截面M_{max}^+偏载(100%)	Ⅰ-Ⅰ	1号	9.59	9.20	0.39
		2号	8.76	8.64	0.12
		3号	8.88	8.33	0.55
		4号	8.33	7.70	0.63
		5号	7.05	6.97	0.08

试验跨实测挠度与理论挠度的比较 表 5-2

试验工况	截面	梁号	实测值f_e(mm)	理论值f_s(mm)	校验系数(f_e/f_s)	相对残余变形
Ⅰ-Ⅰ截面M_{max}^+偏载(100%)	Ⅰ-Ⅰ	1号	9.20	12.10	0.76	4.1%
		2号	8.64	11.98	0.72	1.4%
		3号	8.33	11.90	0.70	6.2%
		4号	7.70	11.71	0.66	7.6%
		5号	6.97	11.39	0.61	1.1%

说明：1. 挠度向下为正。

2. 实测挠度均为试验荷载作用下的挠度增量。

3. 由于本桥加载实行分级加载，逐级加载至100%后进行卸载，故此表中未列出50%、80%的数据。

为分析试验荷载满载作用下空心板跨中截面的变形规律，将各测点的挠度实测结果绘制成如图5-1所示的横向分布曲线，并与理论分布曲线进行比较。图中挠度向下为正。

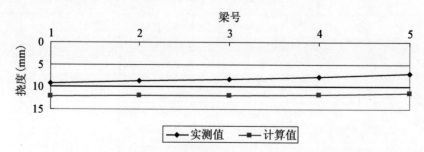

图 5-1　Ⅰ-Ⅰ截面最大正弯矩偏载100%加载工况Ⅰ-Ⅰ挠度横向分布

(2) 应力检测结果

试验荷载作用下各主要测点的应变检测结果见表 5-3, 实测应力值与理论值的比较见表 5-4。

试验跨主要测点应变检测结果（单位：$\mu\varepsilon$）　　　　表 5-3

试验工况	截面	梁号	测点布置	总应变 ε	弹性应变 ε_e	残余应变 ε_p
Ⅰ-Ⅰ截面 M^+_{max} 偏载（100%）	Ⅰ-Ⅰ	1 号	左	149	135	14
			右	153	137	16
		2 号	左	118	110	8
			右	115	113	2
		3 号	左	116	109	7
			右	114	103	11
		4 号	左	106	104	2
			右	102	102	0
		5 号	左	108	102	6
			右	103	103	0

试验跨主要测点实测应力及与计算应力的比较　　　　表 5-4

试验工况	截面	梁号	实测应力 σ_e (MPa)	计算应力 σ_s (MPa)	校验系数 (σ_e/σ_s)	相对残余应变
Ⅰ-Ⅰ截面 M^+_{max} 偏载（100%）	Ⅰ-Ⅰ	1 号	4.73	5.98	0.79	10.5%
		2 号	3.90	5.30	0.73	1.7%
		3 号	3.76	5.27	0.71	6.0%
		4 号	3.59	5.19	0.69	1.9%
		5 号	3.55	5.63	0.63	0.0%

说明：1. 每片梁的应变按胡克定律计算混凝土应力，即为试验荷载作用下的应力增量。
2. 每片梁的应力取两测点中的最大值。
3. 混凝土弹性模量 $E_g = 34.5$ GPa，表中应力受拉为正。

为分析空心板整体工作状况，将实测混凝土应力绘制成图 5-2 所示的空心板混凝土应力分布曲线。

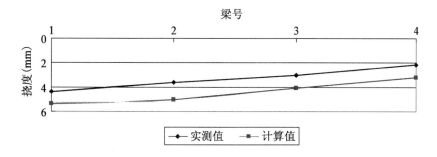

图 5-2　Ⅰ-Ⅰ截面最大正弯矩偏载 100% 加载工况 Ⅰ-Ⅰ 应力分布

(3) 裂缝检测结构

试验前及试验加载过程中，均未发现肉眼可见裂缝。

(4) 检测结果分析

本次试验第 3 跨偏载工况荷载效率为 0.99。

在试验荷载满载作用下，Ⅰ-Ⅰ截面在偏载工况下测点实测应变值均小于其对应的理论计算值，应变校验系数范围为 0.63~0.79。主要控制测点的相对残余应变小于检测规范的限值，测试结果规律正常，表明所测桥跨横向分布正常，结构强度满足设计要求。

在试验荷载满载作用下，Ⅰ-Ⅰ截面在偏载工况下测点实测挠度均小于对应理论计算值，挠度校验系数范围为 0.61~0.76。卸载后相对残余变形均小于 20%，表明结构处于弹性工作状态，表明所测桥跨刚度满足设计要求。

6 结论与分析评估

（1）本次荷载试验对×××大桥第 3 跨进行了静力荷载试验，荷载效率为 0.99，满足《公路桥梁荷载试验规程》(JTG/T J21-01—2015)的要求。

（2）试验荷载作用下，试验桥跨挠度测试截面的实测挠度均小于计算值，实测相对残余变形小于检测规程限值，表明测试截面的结构变形正常，试验桥跨结构刚度满足设计要求。

（3）试验荷载作用下，试验桥跨测试截面应力校验系数为 0.63~0.79，荷载卸除后，各测点实测残余应变较小，表明测试截面的结构受力状态正常，结构强度满足设计要求。

（4）试验前及试验加载过程中，均未发现肉眼可见裂缝。

综上所述，对×××大桥第 3 跨静力荷载试验结论意见为：

试验桥跨结构刚度和整体受力性能满足设计要求，整体承载力满足设计的公路-Ⅰ级荷载等级标准。

7 有关建议

（1）按现行《公路桥涵养护规范》JTG H11—2004 的有关规定，做好桥梁的日常检查和养护工作。

（2）限制车辆超设计车速、超载行驶，以减少车辆对结构的冲击作用。

8 附件

（1）附件 1：现场检测工作照；
（2）附件 2：检测单位资质证书复印件。
（本报告正文以下空白）

×××有限责任公司
××××年××月××日

附件　公路水运试验检测综合评价类报告应用实例

BGLP06018H

报告编号:BG-××-××SD-20××01

检　测　报　告

委　托　单　位：　　　　×××有限公司　　　　

工程(产品)名称：　×××高速公路×××至×××段项目×××隧道　

检　测　项　目：　　　×××隧道交工验收检测　　　

检　测　类　别：　　　　委托抽样检测　　　　

报　告　日　期：　　　××××年××月××日　　

×××检测中心

注 意 事 项

1. 本报告无本单位"检测专用章"无效,每页无骑缝章无效。
2. 本报告签名不全无效。
3. 本报告改动、换页无效。
4. 未经本单位批准,不得部分复制本报告。
5. 本单位提供试验检测报告的检索查询服务,可通过电话、传真对检测报告的真伪等相关信息进行查询。
6. 本报告未经本单位同意,不得作为商业广告使用。
7. 若对本报告有异议,应于收到报告××个工作日内向本单位提出书面复议申请,逾期不予受理。

联系地址:
邮政编码:
电　　话:
传　　真:
Email:

工程名称：×××高速公路×××至×××段项目×××隧道

签 字 表

岗　位	姓　名	职业资格证书编号	职　称	签　字
项目负责人				
项目主要参加人员				
报告编写人				
报告审核人				
报告批准人				

×××检测中心

××××年××月××日

目　录

1 项目概况 ·· 179
2 检测依据 ·· 179
3 人员与仪器设备 ·· 179
4 检测内容与方法 ·· 180
5 检测数据分析 ·· 182
6 结论与分析评估 ·· 185
7 有关建议 ·· 185
8 附件 ·· 185

1 项目概况

××高速公路×××至×××段项目是××高速公路的南段部分,全长××km,设计行车速度为100km/h,建设标准为双向四车道高速公路,路基宽24.5m,全线共设置隧道12座。

其中,××隧道为分离式中隧道。左幅起讫桩号为ZK××+×××~ZK××+×××,全长740.00m,隧道最大埋深94.30m(图1-1);右幅起讫桩号YK××+×××~ZK××+×××,全长715.00m,隧道最大埋深99.6m(图1-2)。

图1-1　××隧道左幅出口端

图1-2　××隧道右幅进口端

按照《公路工程竣(交)工验收办法》(交通部令2004年第3号)和《公路工程竣(交)工验收办法实施细则》(交公路发〔2010〕65号)的有关规定,受××有限公司委托,我中心于××××年××月××日至××××年××月××日对本隧道进行交工验收前实体质量检测。由于项目单位工程划分原因,本隧道路面分部工程检测内容见相应路面工程报告。

通过对本次检测、检查,以达到下述目的:通过本次实体质量检测,提交检测报告,为本隧道的交工验收工作提供必要依据,为日后运营期隧道养护管理工作提供基础资料。

2 检测依据

本次检测工作中主要采用下述标准、规范、文件:
(1)《公路工程质量检验评定标准 第一册 土建工程》JTG F80/1—2017;
(2)《回弹法检测混凝土抗压强度技术规程》JGJ/T 23—2011;
(3)《公路工程竣(交)工验收办法》(交通部令2004年第3号);
(4)《公路工程竣(交)工验收办法实施细则》(交公路发〔2010〕65号);
(5)《交通运输部关于印发高速公路项目交工检测和竣工鉴定质量不符合项清单的通知》(交安监发〔2015〕171号);
(6)《×××隧道设计文件》及变更设计文件(图号、版本号、日期);
(7)《×××隧道交工验收检测实施方案》(××××年××月××日通过委托方组织的审定);
(8)本隧道其他相关资料。

3 人员与仪器设备

根据本次检测工作量及工作要求,我单位成立了检测工作项目组,主要人员及分工表,见表3-1。主要仪器设备及用途,见表3-2。

项目组主要人员及分工表　　　　　　　　　　　表3-1

序号	姓　名	职业资格证书编号	职　称	项目分工
1	×××	(公路)检师×××	高级工程师	项目总体协调、技术支持
2	×××	(公路)检师×××	高级工程师	衬砌混凝土强度检测、大面平整度检测组
3	×××	(公路)检师×××	工程师	
4	×××	(公路)检师×××	高级工程师	衬砌混凝土厚度及缺陷检测组
5	×××	(公路)检师×××	工程师	
6	×××	(公路)检师×××	高级工程师	隧道总体(断面尺寸)
7	×××	(公路)检师×××	工程师	

主要仪器设备及用途表　　　　　　　　　　　表3-2

序号	仪器设备名称	规格型号	管理编号	数量	量值溯源有效期	主要用途
1	地质雷达主机	—	—	—	××××年××月××日	衬砌厚度及缺陷检测
2	天线	—	—	—	××××年××月××日	
3	回弹仪	—	—	—	××××年××月××日	衬砌强度检测
4	隧道激光断面仪	—	—	—	××××年××月××日	隧道总体(断面尺寸)检测
5	2米尺(塞尺)	—	—	—	××××年××月××日	衬砌大面平整度检测
6	测距轮	—	—	—	××××年××月××日	桩号标识
7	钢卷尺	—	—	—	××××年××月××日	桩号复核、尺寸量测
8	多功能钻芯机	—	—	—	××××年××月××日(功能性检查)	衬砌波速标定
9	升降检测车	—	—	—	××××年××月××日(功能性检查)	隧道检测(查)举升平台
10	高清数码相机	—	—	—	××××年××月××日(功能性检查)	影像记录

4 检测内容与方法

4.1 检测参数及方法

检测参数及方法见表4-1。

附件 公路水运试验检测综合评价类报告应用实例

检测参数及方法表 表4-1

单位工程	分部工程	检测参数		检测方法	备注
隧道工程	衬砌	衬砌强度		回弹法	—
		衬砌厚度		地质雷达检测隧道衬砌质量方法	—
		大面平整度		2米直尺法	—
	总体	断面尺寸	宽度	激光断面仪检测隧道断面方法	—
			净空		—

4.2 检测频率要求及完成量

依据《公路工程竣(交)工验收办法实施细则》(交公路发〔2010〕65号)、《××隧道交工验收检测实施方案》的规定,隧道工程实体质量检测参数及频率要求,见表4-2。

实体质量检测参数及频率要求 表4-2

单位工程	分部工程	检测参数		检测频率要求	备注
隧道工程	衬砌	衬砌强度		每座中、短隧道检测不少于10个测区,特长隧道、长隧道不少于20个测区	—
		衬砌厚度		连续检测拱顶、拱腰三条线扫描检测	—
		大面平整度		每座中、短隧道测10处,长隧道测10~20处,特长隧道测20处以上	—
	总体	断面尺寸	宽度	每座中、短隧道测5~10点,长隧道测10~20点,特长隧道测20点以上	—
			净空	每座中、短隧道测5~10点,长隧道测10~20点,特长隧道测20点以上	—

4.3 检测实施情况

本次检测按照《×××隧道交工验收检测实施方案》开展,测区(点、线)的布置及完成情况,见表4-3。

检测测区(点、线)布置及完成情况表 表4-3

单位工程	分部工程	检测参数		测区(点、线)布置及完成情况	备注
隧道工程	衬砌	衬砌强度		回弹法检测测区布置于边墙电缆沟上侧1.5m处(详见检测方案),左右边墙交替布置,共完成检测20个测区	测区(点、线)里程桩号见相应结果数据统计表
		衬砌厚度		拱顶、左右拱腰三条线分别布置于拱顶正中及左右电缆槽上方50cm处(详见检测方案),共完成测线4 365m,分析衬砌厚度测点246点	
		大面平整度		测点布置于边墙电缆沟上侧1.5m处(详见检测方案),左右边墙交替布置,共完成检测20处	
	总体	断面尺寸	宽度	检测断面沿隧道纵向等分布置,共完成检测断面14个	
			净空		

181

5 检测数据分析

5.1 衬砌强度检测(表5-1)

衬砌强度检测结果数据统计表 表5-1

编号	里程桩号	测区部位	设计强度(MPa)	强度换算值(MPa)	评价
1	ZK27+970	左边墙	30	45.3	大于设计强度
2	ZK28+050	右边墙	30	>60.0	大于设计强度
3	ZK28+130	左边墙	30	53.4	大于设计强度
4	ZK28+210	右边墙	30	44.7	大于设计强度
5	ZK28+280	左边墙	30	49.5	大于设计强度
6	ZK28+370	右边墙	30	47.3	大于设计强度
7	ZK28+450	左边墙	30	46.2	大于设计强度
8	ZK28+530	右边墙	30	53.7	大于设计强度
9	ZK28+610	左边墙	30	48.8	大于设计强度
10	ZK28+690	右边墙	30	>60.0	大于设计强度
11	YK28+690	左边墙	30	>60.0	大于设计强度
12	YK28+620	右边墙	30	>60.0	大于设计强度
13	YK28+550	左边墙	30	52.5	大于设计强度
14	YK28+480	右边墙	30	50.9	大于设计强度
15	YK28+410	左边墙	30	59.2	大于设计强度
16	YK28+340	右边墙	30	50.4	大于设计强度
17	YK28+270	左边墙	30	51.1	大于设计强度
18	YK28+200	右边墙	30	58.0	大于设计强度
19	YK28+100	左边墙	30	49.1	大于设计强度
20	YK28+000	右边墙	30	53.2	大于设计强度

本次共检测测区20个,测区强度换算值大于设计强度20个,合格率100.0%。

5.2 衬砌厚度检测(表5-2)

衬砌厚度检测结果数据统计表 表5-2

里程桩号	设计值(cm)	实测值(cm)			里程桩号	设计值(cm)	实测值(cm)		
		左腰	拱顶	右腰			左腰	拱顶	右腰
ZK27+970	50	56	54	52	YK28+000	50	55	52	52
ZK27+990	50	53	52	55	YK28+020	50	54	51	51
ZK28+010	50	53	55	52	YK28+040	50	56	53	55
ZK28+030	50	53	56	53	YK28+060	50	54	53	50

续上表

里程桩号	设计值(cm)	实测值(cm)			里程桩号	设计值(cm)	实测值(cm)		
		左腰	拱顶	右腰			左腰	拱顶	右腰
ZK28+050	45	48	46	45	YK28+080	45	46	48	45
ZK28+070	40	46	54	46	YK28+100	40	44	43	50
ZK28+090	40	43	45	42	YK28+120	40	35	43	44
ZK28+110	40	43	44	40	YK28+140	40	48	41	42
ZK28+130	40	44	42	41	YK28+160	40	54	43	41
ZK28+150	40	43	43	42	YK28+180	40	50	43	68
ZK28+170	40	42	41	41	YK28+200	40	51	44	45
ZK28+190	50	51	55	56	YK28+220	45	46	53	58
ZK28+210	50	51	53	56	YK28+240	40	51	43	44
ZK28+230	50	53	54	51	YK28+260	40	53	44	52
ZK28+250	50	54	52	54	YK28+280	40	42	43	45
ZK28+270	50	53	54	52	YK28+300	40	54	42	46
ZK28+290	50	55	52	50	YK28+320	45	55	49	46
ZK28+310	40	41	38	41	YK28+340	40	42	45	44
ZK28+330	40	43	43	42	YK28+360	40	45	40	54
ZK28+350	40	43	44	43	YK28+380	40	53	42	43
ZK28+370	40	43	45	42	YK28+400	40	62	41	48
ZK28+390	40	44	44	42	YK28+420	40	43	54	57
ZK28+410	40	42	38	42	YK28+440	40	42	43	44
ZK28+430	40	41	42	42	YK28+460	40	46	41	46
ZK28+450	40	43	42	40	YK28+480	40	45	45	46
ZK28+470	40	44	45	40	YK28+500	40	53	40	63
ZK28+490	40	41	44	40	YK28+520	40	58	41	43
ZK28+510	40	45	41	40	YK28+540	40	41	44	46
ZK28+530	40	43	42	41	YK28+560	45	46	47	49
ZK28+550	40	41	43	41	YK28+580	50	50	52	54
ZK28+570	45	47	45	46	YK28+600	50	50	51	57
ZK28+590	50	52	54	50	YK28+620	50	51	54	61
ZK28+610	50	54	53	52	YK28+640	50	51	52	57
ZK28+630	50	54	52	51	YK28+660	50	52	51	53
ZK28+650	50	51	53	51	YK28+680	50	51	53	51
ZK28+670	50	50	53	52	—	—	—	—	—
ZK28+690	60	60	64	62	—	—	—	—	—

本次共检测测线4 365m,分析衬砌厚度测点246点,合格244点,合格率99.2%。

5.3 衬砌大面平整度检测(表5-3)

隧道衬砌大面平整度检测结果数据统计表　　　　表5-3

里程桩号	衬砌大面平整度(mm)			里程桩号	衬砌大面平整度(mm)		
	实测值	允许偏差	评价		实测值	允许偏差	评价
YK28+690	7.7	≤20(施工缝)	合格	ZK27+970	1.7	≤5	合格
YK28+620	3.9	≤20(施工缝)	合格	ZK28+050	1.3	≤5	合格
YK28+550	2.7	≤5	合格	ZK28+130	1.9	≤5	合格
YK28+480	3.3	≤5	合格	ZK28+210	2.7	≤20(施工缝)	合格
YK28+410	3.9	≤20(施工缝)	合格	ZK28+280	1.4	≤5	合格
YK28+340	2.3	≤5	合格	ZK28+370	4.4	≤20(施工缝)	合格
YK28+270	1.7	≤5	合格	ZK28+450	3.6	≤20(施工缝)	合格
YK28+200	0.8	≤5	合格	ZK28+530	4.6	≤20(施工缝)	合格
YK28+100	3.3	≤20(施工缝)	合格	ZK28+610	2.7	≤5	合格
YK28+000	2	≤5	合格	ZK28+690	10.8	≤20(施工缝)	合格

本次共检测衬砌大面平整度20处,合格20处,合格率100.0%。

5.4 断面尺寸(宽度、净空)检测(表5-4)

隧道断面尺寸(宽度、净空)检测结果数据统计表　　　　表5-4

里程桩号	宽　度　(mm)				净　空　(mm)			
	实测宽度	设计宽度	评价标准	评价	实测高度	设计高度	评价标准	评价
ZK28+000	11 170	11 100	不小于设计	合格	7 175	7 100	不小于设计	合格
ZK28+100	11 137	11 100	不小于设计	合格	7 162	7 100	不小于设计	合格
ZK28+200	11 148	11 100	不小于设计	合格	7 135	7 100	不小于设计	合格
ZK28+300	11 137	11 100	不小于设计	合格	7 208	7 100	不小于设计	合格
ZK28+400	11 127	11 100	不小于设计	合格	7 253	7 100	不小于设计	合格
ZK28+500	11 192	11 100	不小于设计	合格	7 213	7 100	不小于设计	合格
ZK28+600	11 166	11 100	不小于设计	合格	7 192	7 100	不小于设计	合格
YK28+000	11 127	11 100	不小于设计	合格	7 254	7 100	不小于设计	合格
YK28+100	11 135	11 100	不小于设计	合格	7 219	7 100	不小于设计	合格
YK28+200	11 128	11 100	不小于设计	合格	7 198	7 100	不小于设计	合格
YK28+300	11 159	11 100	不小于设计	合格	7 182	7 100	不小于设计	合格
YK28+400	11 118	11 100	不小于设计	合格	7 235	7 100	不小于设计	合格
YK28+500	11 134	11 100	不小于设计	合格	7 201	7 100	不小于设计	合格
YK28+600	11 145	11 100	不小于设计	合格	7 195	7 100	不小于设计	合格

本次共检测衬砌断面尺寸14个,分析宽度、净空各14处,合格率均为100.0%。

6 结论与分析评估

依据《公路工程竣(交)工验收办法实施细则》(交公路发〔2010〕65号)的规定,本项目以隧道为单位工程进行统计并计算检测参数合格率,见表6-1。

实体质量检测结果汇总表　　　　　　　　　　　　　　　　　　　表6-1

单位工程	分部工程	检 测 参 数		检测点数（处、测区）	合格点数（处、测区）	合格率	备注
×××隧道	衬砌	衬砌强度		20	20	100.0%	—
		衬砌厚度		246	244	99.2%	—
		大面平整度		20	20	100.0%	—
	总体	断面尺寸	宽度	14	14	100.0%	—
			净空	14	14	100.0%	

结合实体质量检测与外观质量检查结果,本项目未发现《交通运输部关于印发高速公路项目交工检测和竣工鉴定质量不符合项清单的通知》(交安监发〔2015〕171号)关于《高速公路项目交工检测质量不符合项清单》中相关质量不符合项。未发现《公路工程竣(交)工验收办法实施细则》(交公路发〔2010〕65号)中"衬砌渗漏水,影响结构安全的裂缝,衬砌厚度合格率小于90%或有小于设计厚度1/2的部位,空洞累计长度超过隧道长度的3%或单个空洞面积大于3m²。"的特别严重问题。

7 有关建议

建议在交工验收后试运营期间,加强日常巡检、经常性检查及必要的结构安全监测,确保运营安全。

8 附件

(1)附表8.1 衬砌缺陷统计表及典型缺陷图像;
(2)附表8.2 现场工作照片;
(3)《×××隧道交工验收检测实施方案》。
(本报告正文以下空白)

×××检测中心
××××年××月××日

BSYP01001H

报告编号：BG×××.0001-20××

检 测 报 告

委 托 单 位：　　　　×××工程有限公司　　　　

工程（产品）名称：　　　　　×××工程　　　　　

检 测 项 目：混凝土防腐涂层干膜厚度、混凝土结构钢筋保护层

　　　　　　厚度、钢结构涂层厚度、钢结构涂膜附着力　　

检 测 类 别：　　　　　委托抽样检测　　　　　

报 告 日 期：　　　　××××年××月××日　　　　

×××检测中心

注 意 事 项

1. 本报告无本单位"检测专用章"无效,每页无骑缝章无效。
2. 本报告签名不全无效。
3. 本报告改动、换页无效。
4. 未经本单位批准,不得部分复制本报告。
5. 本单位提供试验检测报告的检索查询服务,可通过电话、传真对检测报告的真伪等相关信息进行查询。
6. 本报告未经本单位同意,不得作为商业广告使用。
7. 若对本报告有异议,应于收到报告××个工作日内向本单位提出书面复议申请,逾期不予受理。
8. 本检测报告正文共×页,附件共×页。

联系地址:
邮政编码:
电　话:
传　真:
Email:

工程名称：×××工程

签 字 表

岗 位	姓 名	职业资格证书编号	职 称	签 字
项目负责人				
项目主要参与人员				
报告编写人				
报告审核人				
报告批准人				

×××检测中心

××××年××月××日

目 录

1 项目概况 ··· 190
2 检测依据 ··· 190
3 人员和仪器设备 ··· 190
4 检测内容与方法 ··· 191
5 检测数据分析 ·· 191
6 结论与分析评估 ··· 193
7 有关建议 ··· 193
8 附件 ·· 193

1 项目概况

×××码头工程位于×××省×××市×××处,由×××单位于××××年××月投资建设,工程建设综合码头1座(2个泊位),码头平台尺寸为××m×××m(长×宽),上游侧通过×××m钢引桥人行便道与×××m系缆墩相连,平台后方通过×××m的引桥与陆域连接。

受×××工程有限公司委托,我中心于××××年××月××日至××××年××月××日对该工程开展了实体检测,通过本次实体质量检测,提交检测报告,为项目的交工验收工作提供必要依据,为日后运营管理工作提供基础资料。

2 检测依据

根据现有国家标准、规范,本项目实施的检测依据为:
(1)《水运工程质量检验标准》(JTS 257—2008);
(2)《海港工程钢结构防腐蚀技术规范》(JTS 153-3—2007);
(3)《色漆和清漆 漆膜的划格试验》(GB/T 9286—1998);
(4)《水运工程混凝土结构实体检测技术规程》(JTS 239—2015);
(5)《海港工程混凝土结构防腐蚀技术规范》(JTJ 275—2000);
(6)工程有关的其他设计、技术文件;
(7)《×××试验检测方案》。

3 人员和仪器设备

为了更好地保证本项目的质量,检测人员配备情况如表3-1所示。

主要检测人员一览表　　　　　　　　　　　　　　　　表3-1

序号	姓　名	职业资格证书编号	职　称	人员分工
1	×××	×××	高级工程师	项目协调组织
2	×××	×××	工程师	技术负责
3	×××	×××	助理工程师	深层厚度、涂膜附着力
4	×××	×××	助理工程师	钢筋保护层厚度防腐涂层干膜厚度

本次试验所使用的仪器设备,均通过相关计量部门检定/校准,技术指标符合相关技术标准和规程、规范的要求。主要仪器见表3-2。

检测设备情况一览表　　　　　　　　　　　　　　　　表3-2

序号	仪器设备名称	规格型号	管理编号	数　量	量值溯源有效期
1	漆膜厚度测定仪	—	—	—	××××年××月××日
2	漆膜划格仪	—	—	—	××××年××月××日
3	超声波测厚仪	—	—	—	××××年××月××日
4	超声波探伤仪	—	—	—	××××年××月××日

续上表

序号	仪器设备名称	规格型号	管理编号	数 量	量值溯源有效期
5	混凝土钢筋检测仪	—	—	—	××××年××月××日
6	显微镜式测厚仪	—	—	—	××××年××月××日（功能性检查）

4 检测内容与方法

根据《水运工程质量检验标准》(JTS 257—2008)、《××试验检测方案》以及相关规范,本次检测方法见表4-1。

检测参数及检测方法一览表　　　　　　　　　　　　　　　　表4-1

序号	检 测 部 位	检 测 参 数	检 测 方 法	备注
1	预制上横梁	混凝土结构钢筋保护层厚度	电磁感应测定法	
2	预制上横梁	混凝土防腐涂层干膜厚度	显微镜测厚法	—
3	钢引桥	钢结构防腐涂层厚度	磁性测厚法	—
4	钢引桥	钢结构防腐涂层涂膜附着力	漆膜划格法	—

5 检测数据分析

本次检测共检测了该工程钢引桥的涂层厚度、涂膜附着力、预制上横梁的钢筋保护层厚度及混凝土防腐涂层干膜厚度,其具体情况如下:

5.1 钢引桥涂层厚度检测结果

对钢引桥进行了涂层厚度检测,检测结果见表5-1。

钢引桥涂层厚度检测结果　　　　　　　　　　　　　　　　表5-1

序号	构件名称及部位	涂层厚度(μm)				
		设计值	测点号	实测值		
				1号	2号	3号	平均值
1	钢引桥上弦杆	100	1	101	110	113	108
			2	107	103	111	107
			3	115	102	106	108
2	钢引桥下弦杆	100	1	112	111	110	111
			2	97	116	103	105
			3	105	106	104	105

续上表

序号	构件名称及部位	涂层厚度(μm)					
		设计值	测点号	实测值			
				1号	2号	3号	平均值
3	钢引桥斜杆	100	1	112	102	102	105
			2	117	110	117	115
			3	103	102	115	107
4	钢引桥竖杆	100	1	101	118	115	111
			2	102	105	104	104
			3	108	106	110	108

由上表可知,本次钢引桥涂层厚度测试4个构件共12测点,合格率91.7%,最小值超过标准值的85%,符合《海港工程钢结构防腐蚀技术规范》(JTS 153-3—2007)要求。

5.2 钢引桥涂膜附着力检测结果

对钢引桥进行涂膜附着力检测,检测结果见表5-2。

钢引桥涂膜附着力检测结果 表5-2

序号	检测部位	结果评定	序号	检测部位	结果评定
1	钢引桥上弦杆	0级	3	钢引桥斜杆	0级
2	钢引桥下弦杆	0级	4	钢引桥竖杆	0级

由表5-2可知,本次钢引桥共抽检涂层附着力4个构件,所检部位均在3级之内,符合《色漆和清漆、漆膜的划格试验》(GB/T 9286—1998)规范要求,合格率为100%。

5.3 预制上横梁钢筋保护层厚度检测结果

对码头的预制上横梁进行了钢筋保护层厚度检测,检测结果见表5-3。

预制上横梁钢筋保护层厚度检测结果 表5-3

构件部位	钢筋直径(mm)	保护层厚度测试值(mm)			合格点数	设计值(mm)	合格率(%)	最大值(mm)	最小值(mm)
		1	2	3					
预制梁1号主筋	16	55	58	56	18	50	100	59	53
预制梁2号主筋	16	53	55	54					
预制梁3号主筋	16	56	56	53					
预制梁4号主筋	16	54	55	57					
预制梁5号主筋	16	57	59	57					
预制梁6号主筋	16	57	55	58					

由表5-3可知,本次检测码头预制上横梁钢筋保护层厚度18点,合格率为100.0%,所测不合格点均未超过最大偏差,符合《水运工程质量检验标准》(JTS 257—2008)规范要求。

5.4 预制上横梁混凝土防腐涂层干膜厚度检测

对码头的预制上横梁进行了混凝土防腐涂层干膜厚度检测,检测结果见表5-4。

预制上横梁防腐涂层干膜厚度检测结果　　表5-4

构件名称及部位	设计厚度（μm）	涂层干膜厚度（μm）					
预制上横梁	200	233	306	234	308	267	280
		295	247	244	296	240	254
		255	247	236	263	224	292
		235	289	305	265	301	235
		292	269	255	297	307	268

由表5-4可知,本次检测码头预制上横梁防腐涂层干膜厚度30点,平均值为268μm;最大值为308μm;最小值为224μm,符合《海港工程混凝土结构防腐蚀技术规范》(JTJ 275—2000)和设计要求。

6 结论与分析评估

综合以上检测结果,该码头工程检测结果如下所示:

(1)涂层厚度:本次钢引桥涂层厚度测试4个构件共12测点,合格率91.7%,最小值超过标准值的85%,符合《海港工程钢结构防腐蚀技术规范》(JTS 153-3—2007)的要求。

(2)涂膜附着力:本次钢引桥共抽检涂层附着力4个构件,所检部位均在3级之内,符合《色漆和清漆、漆膜的划格试验》(GB/T 9286—1998)规范要求,合格率为100%。

(3)钢筋保护层厚度:本次检测码头预制上横梁钢筋保护层厚度18点,合格率为100.0%,所测不合格点均未超过最大负偏差,符合《水运工程质量检验标准》(JTS 257—2008)规范要求。

(4)混凝土防腐涂层干膜厚度:本次检测码头预制上横梁防腐涂层干膜厚度30点,平均值为268μm;最大值为308μm;最小值为224μm,符合设计要求。

7 有关建议

建议定期对该码头钢引桥和上横梁进行外观质量进行检查。

8 附件

附件一、附现场检测相片。

(本报告正文以下空白)

×××检测中心
××××年××月××日